TTS新書

ウクライナ戦争と和平法則

廣田尚久

東京図書出版

はじめに

この書物を書き始めた今現在は、二〇二三年二月一日の午前八時。

窓から見る東京の空は、雲一つなく晴れわたり、昇りはじめた太陽は、光彩を飛ばしていて直視できない。

しかし、頭の中に暗雲が垂れこめているのは私だけではないだろう。新型コロナウイルスの蔓延から三年が経過しても終焉する気配がなく、ロシアのウクライナ軍事侵攻は一年に及ぼうとしているがいまだに戦火は絶えない。

この二つの災厄には、解決の目処が立っていない。その解決の目処が立っていないところに、人々は戸惑い、いら立ち、重苦しさを感じていると思う。

しかし、解決の目処が立たない問題は、世の中にたくさんある。人々は、大小さまざまな難問に取り組み、なんとかかんとか解決をしようとする。すなわち、解決という光を睨みながら悪戦苦闘するのである。そのことを強く意識することもあれば、あまり意識に乗せないままに解決に取り組むこともあるが、いずれにしても、何らかの解決方法があると思って行動する。

ところが、実際には解決できない問題がある。こうすれば新型コロナウイルスを退散させることができると言える人がいるだろうか。こうすればロシアの軍事侵攻をやめさせることができると言える人がいるだろうか。

コロナ禍とウクライナ軍事侵攻は、解決の目処が立たない問題があることを、具体的に、目に見える形で人々に突きつけたのである。

こういうときには、いったいどうすればよいのだろうか。手を拱いて見ているほかないのだろうか。

解決の目処は立たないものの、関係者も、政府も、国際機関も、あれこれ手を打っていることは事実である。

コロナ禍については、ワクチンを開発したり、治療行為をしたり、経済的な援助をしたり、その他さまざまな方法で、新型コロナウイルスによる災厄を軽減しようとしている。

では、ロシアのウクライナ軍事侵攻の方はどうだろうか。これについては、それなりの動きはあるものの、現在のところ、まったく目処が立っていないと言えるのではないだろうか。つまり、終結の見通しが立っていないのである。

しかし、このような事態は、史上初めてのことではない。

ロシアのウクライナ軍事侵攻を「戦争」ととらえるならば、有史以来「戦争」は絶えることなく続いていたし、現在でもウクライナ戦争に限らず、世界各地で起こっている。例えば、イスラエルとパレスチナの紛争もそうであるし、ミャンマーの内戦もそうである。これらもまた、ウクライナ戦争と同様に、終結の目処が立っていない。

しかし、戦争は絶えることなくどこかで起こっていたが、何とか戦火をかいくぐって生きのびた人もいた。大局的にみれば、戦争が起こり時を経て、また戦争が起こってやがて収まり、という繰り返しの中で、人々は生きていたことになる。

こうしてみれば、戦争のさ中で終結の目処が立っていないという事態は、歴史上繰り返されてきたことであり、それがどのようになったかということも歴史に見ることができるだろう。

その歴史を概観することによって、ウクライナ戦争における和平の在り方の手がかりをつかむことができるかもしれない。

この本のテーマは、戦争から和平に至るまでの法則性を模索し、それによって見えてくる和平法則によってウクライナ戦争を点検することである。

しかし、和平法則が発見されたとしても、和平の中に戦争の火種を残すようなことがあれば、いずれは次の戦争が起こることになるだろう。そこで、火種を残さない方策として、和平後のパラダイム転換についても考察しておきたい。

そのことを念頭に置いたうえで、この本のタイトルを『ウクライナ戦争と和平法則』とした。

したがって、この本は、ウクライナ戦争の終結や和平の態様を予測するものではない。ウクライナ戦争が終結し、平和が訪れるのはいつのことか分からない。数年あるいは十数年後もしくは数十年後のことになるかもしれない。とは言え、いずれは終結と平和の日を迎え、人々はその姿を見るだろう。そしてその姿は、この本の内容と相当の乖離があるかもしれない。

しかし、この本は、ウクライナ戦争を念頭に置いてはいるものの、ウクライナ戦争に限定するものではなく、一般的な和平法則を明らかにすることを目的としている。

すなわちこの本は、ウクライナ戦争の行く末を予測するものではないので、実際の終結と平和を迎えるまでの時限的な書き物ではなく、現在から終結後の相当先までを視野に入れるものである。

ではなぜ、実際の終結と乖離する可能性がある本を書く必要があるのだろうか。それは、その乖離する部分にウクライナ戦争の特質が浮かびあがり、終結後に取り組むべき課題が見えてくると思うからである。そしてその課題は、ウクライナ戦争が可視化したものではあるが、実はすでに相当以前からずっと存在しているものであり、私は、こちらの方もまた、重要なテーマだと思っている。

私は、弁護士としてさまざまな民事紛争を和解によって解決し、「紛争解決学」という学問を考案した（『紛争解決学』〈一九九三年〉）。また、在野で経済学と資本主義を研究し、資本主義のパラダイム転換を構想した（『共存主義論』〈二〇二一年〉）。そのような経験と研究の中に、和平の在り方に関する多くの手がかりがある。

これから和平法則を模索し、発見しようという試みに挑むことにするが、そのためには頭の中で観念的に和平法則を定立するのではなく、経験的に和平法則を探り求めるという方法をとる。すなわち、演繹法ではなく帰納法でということである。具体的には、歴史の中から和平法則を抽出することになる。したがって、和平法則を立てたとしても、純粋理論とはならず、その法則にかなりの例外もあるというものになるだろう。

多くの人は、ウクライナ戦争の行く末を案じ、この戦争がどのように終わるのか、また平和の日はどのような姿になるのか、ということについて考えをめぐらしているだろう。私もその一人として、ともに考えるという気持ちでこの書物に取り組みたいと思っている。

では、まずは戦争の歴史から……。

ウクライナ戦争と和平法則◇目次

第一章　戦争の歴史

第一節　第一次世界大戦

□第一次世界大戦の勃発

ロシアのウクライナ軍事侵攻をやめさせる方法があるのか、あるとすれば、それはどのような方法か。それを求めるならば、戦争の歴史の中にヒントを探す作業をしなければならないだろう。

しかし人類の歴史は、大半は戦争の歴史として綴られているので、歴史上にあらわれる戦争をあげれば枚挙に暇がない。

そして、その目的、長短、範囲、規模、態様、兵器、結果、影響はさまざまであるから、戦争史を考究することは必要なことであるものの、それをやろうとすると膨大なボリュームになってしまう。そこで、いつまで遡って考察すればよいかということになるが、過去に遡りだすと果てしがないので、とりあえず第一次世界大戦まで遡ることにし、それも戦後の処理を中心にして、その他はごく短く概観することにしたい。

周知のとおり、第一次世界大戦は、帝位継承者であったオーストリア大公フェルディナント夫妻が、ボスニアの首都サライェヴォでセルビアの青年たちによって殺されたことを発端として勃発した。

大航海時代、植民地争奪の時代を経て、欧米列強諸国は、植民地や勢力圏の拡大を目指して激しく争う帝国主義の時代に入った。ここで、サライェヴォ事件の前史をざっと見ておこう。

一九世紀以降、オスマン帝国に支配されていたバルカン半島の諸民族は、自立あるいは独立を目指す運動を展開し、それを抑圧するオスマン帝国と対立・抗争を繰り返して、「ヨーロッパの火薬庫」と言われるほど危険な状態になっていた。二〇世紀に入ると、ロシア、ドイツ、オーストリア、イギリス、フランス、イタリアと、すべてのヨーロッパ列強の利害対立が連動し、重層的に利害が交錯しはじめた。[1]

そういう時代を背景にして、一九〇八年、オーストリアはボスニア・ヘルツェゴヴィナを併合した。この両地域はセルビア人が多く居住し、かねてからセルビアが編入を望んでいた地であり、これ以後オーストリアとセルビアの関係は急速に悪化した。[2]
その後は第一次バルカン戦争、第二次バルカン戦争と続くが、第二次バルカン戦争の結果、セルビアが領土をほぼ倍増して発言力を強め、国内にセルビア人を抱えるオーストリアに大きな脅威となった。そういう中で、一九一四年六月二八日、オーストリア大公フェルディナントのボスニアでの軍事演習視察が行われ、セルビアの急進的民族主義者の銃口が火を噴いたのである。
ヨーロッパ各国政府はこれを暗殺行為と非難し、オーストリア政府内でもセルビアへの懲罰軍事行動支持者が多数を占めた。しかし、セルビア支持が予想されるロシアの介入を阻止するには、同盟国ドイツの支持が不可欠であったので、その意向を確認したところ、ドイツ皇帝ヴィルヘルム二世はオーストリアを無条件で支持することを確約した。ドイツの保証を受けて、七月七日、オーストリア政府は対セルビア戦準備を決定した。
オーストリアが意図していたのは、この段階ではまだ対セルビアとの二国間戦争であり、ドイツの軍事支援を望んでいたわけではなかった。ドイツも二国間戦争を念頭に置いていたが、国際社会でのオーストリアへの同情が冷めず、ドイツは他の列強が介入する前に既成事実をつくらせようと、セルビアへの早期開戦を繰り返し促していた。[3]

七月二三日、セルビアはオーストリア大使から、反オーストリア活動の取り締まりなどを要求する最後通牒を受け取り、二四日に回答したが、その回答の中で、暗殺事件の関係者審理へのオーストリア官憲参加という条項を容れなかったので、オーストリア大使は国交断絶を通告してセルビアを離れた。そして二八日、フランツ・ヨーゼフ皇帝は、開戦勅書に署名し、オーストリア・セルビアの国境で交戦がはじまった。[4]

1　木村靖二『第一次世界大戦』（筑摩書房）四三頁
2　同書四四頁
3　同書四八頁
4　同書五〇頁〜五一頁

□第一次世界大戦の参戦国

第一次世界大戦は、おおまかには三国協商側（イギリス、フランス、ロシア）と三国同盟側（ドイツ、オーストリア、イタリア）の対立と括られるが、実際にはそのような単純な構図ではない。当初はオーストリアもドイツも短期間の二国間戦争と考えていたが、戦争が長期化するにつれて交戦国もふえ、極めて複雑な様相を呈するのである。

ドイツは、オーストリアとセルビア間の局地戦であれば、オーストリアが勝利するはずで、そうなればバルカン地域におけるロシアの影響力は低下し、オーストリア内部のスラブ系民族の自立運動も抑え込むことができるし、仮にオーストリア・セルビア戦争が大陸での列強どうしの大戦争に発展しても、それは大陸でのドイツのヘゲモニー掌握の好機になるとみなしていた。

これに対してロシアも、オーストリアとの二国間戦争ではセルビアが敗北すると予測していたので、傍観すればバルカン地域のスラブ系民族の盟主としての地位を失い、国内からも激しい批判を受けることを恐れていた。そして三〇日、ロシアはついに総動員令の発令という強い行動に出た。

ロシアの先制行動を待ち構えていたドイツは、八月一日、総動員令を発してロシアに宣戦を布告した。フランスも露仏同盟に従って動員を開始したので、三日、ドイツはフランスにも宣戦した。

イギリス政府内では最初不干渉方針が多数派だったが、ドイツのヘゲモニー掌握を阻止するため、ドイツ軍の中立国ベルギーへの侵攻を理由に、四日、ドイツに宣戦した。

三国同盟の一員であったイタリアは、オーストリアにイタリアの領土割譲要求に応じることを条件に支援すると伝えたが、オーストリアがそれを拒むと、中立の立場を表明し、事実上三国同盟から離脱した。[5]

こうしてオーストリア・セルビア間のいわば第三次バルカン戦争は、世界戦争へと広がり、激しい戦闘が繰り広げられるが、その攻防については割愛し、ここでは、参加国とその思惑だけを見ておこう。

日本は、大戦勃発を内外の困難を一掃する絶好の機会ととらえ、国内の異論・反対論を退け、日英同盟を根拠にして、二三日、ドイツに宣戦を布告した。そして日本軍は、ドイツの青島《チンタオ》の要塞を包囲し、ドイツ側の消耗を待つ作戦をとり一一月に降伏させた。一〇月には、オスマン帝国が中欧同盟国側について参戦した。八月には戦前から軍事的・経済的に関係が深かったドイツとの同盟が約されていたこと、ドイツ側の優勢を確信したこと、大トルコ主義による国民国家建設の機会を求めたこと、伝統的に反ロシア志向があったことが、その決定の理由であった。オスマン帝国海軍は、黒海沿岸のロシアの諸都市を砲撃して開戦を告げ、ジハード（聖戦）が宣言された。これによって、戦域は地中海・中近東地域にも拡大した。[6]

長く続くとは思われていなかった戦争も年を越えて一九一五年になった。第二次バルカン戦争で敗北してマケドニアなどの多くの領土を失ったブルガリアは、その奪回を目指していた。もともとはロシア寄りであったブルガリアに、同盟国側はマケドニアの提供を条件に接近し、その年の九月に、同盟を結ばせることに成功した。一〇月、ブルガリアは、セルビアに宣戦し、最後の同盟国側参加国になった。ブルガリア軍はドイツ・オーストリア軍とともにセルビアに侵攻し、一一月末にはセルビア軍を解体状態に陥らせた。こうしてセルビアは敗北した。[7]

開戦以来中立の立場に移っていたイタリアも、早くから両陣営から誘いを受けていたが、連合国（以後協商国といわずに「連合国」という）側がイタリアに戦後の領土（オーストリア領内の地域）併合を約束し、その他にイギリスから五〇〇〇万ポンドの供与をすることにして、一五年四月、ロンドン秘密条約で同盟関係に入った。その後、イタリアは、オーストリアに宣戦布告を発し、さらに一六年後半には、ドイツとの交戦状態に入った。[8]

そして、一九一七年になった。それは、ロシア革命、ロシアの大戦離脱、アメリカの参戦という大戦の決定的転換の年となった。

一九一六年後半から、ロシア国内での政治的混乱は深刻化した。皇帝が大本営に詰めている間のラスプーチンに象徴される宮廷の乱脈や腐敗の一方、兵員の動員数は増加の一途をたどり、一六年末には一五〇〇万人（損失五四〇万人）に及んだ。そして一七年一月、首都では、講和を叫びパンや燃料を求める十数万人の大衆デモが起き、二月のロシア革命で帝政が崩壊して、臨時政府が成立した。臨時政府は「無併合・無賠償」の講和を掲げながらも、連合国との約束である戦争継続をも宣言したので、連合国側は革命を歓迎した。

一〇月、ボルシェヴィキが権力を獲得し、交戦国に「無併合、無償金、民族自決」の原則に基づく講和交渉の即時開始を呼びかけた。そして一二月、同盟国側との休戦交渉を開始し、一五日、ブレスト＝リトフスクで休戦協定が調印された。その後直ちに講和条約に向けて交渉がはじまって、ロシアは大戦から離脱した。[9]

アメリカは、ドイツが無制限潜水艦作戦を発動した後の一九一七年二月三日、ドイツに国交断絶を通告した。そして、無制限潜水艦戦によって、アメリカ船の撃沈が増えると、四月六日、ドイツに宣戦を布告した。[10]

アメリカのウィルソン大統領は、宣戦教書において、世界に民主主義を広げること、併合も賠償も求めない平和を目指すことを掲げた。これは、列強体制の伝統的外交を原則的に否定したものであって、列強外交は、ロシア革命政府の講和呼びかけとウィルソンの教書で、一挙に旧外交になってしまったのである。[11]

しかし、このロシア革命政府の講和呼びかけとウィルソンの教書は、大戦後にそっくり生かされたわけではない。とは言うものの、これは、大戦を終結させる一つの方法を示唆したものとみることができるのではないだろうか。ロシアのウクライナ軍事侵攻から一年を経過した現在、第一次世界大戦の最中の、ロシア革命政府の講和呼びかけとウィルソンの教書にみられるような平和のメッセージがほとんど聞かれないところに、ウクライナ戦争を終結させる困難性があるのではないかと思われる。

5 前出『第一次世界大戦』五一頁〜五三頁
6 同書七四頁〜七五頁
7 同書九四頁〜九五頁
8 同書九六頁〜九七頁
9 同書一七〇頁〜一七三頁
10 同書一六六頁
11 同書一七六頁

□戦時経費の調達

第一次世界大戦における戦時財政の規模はどの国でも巨額にのぼった。

戦争最後の平時の年であった一九一三年のドイツ帝国政府の税収は二三億マルクで、それに対し敗戦時の戦費負債は総額一五五〇億マルクになっていた。ドイツの中央政府の主要財源は間接税から成るという構造になっているため、国民生活に直結する間接税引き上げによる戦時課税には限界があり、不足分は国内外での国債・公債発行で調達する以外にはなかった。ドイツは、戦費中の租税充当分は僅か三%に過ぎず、ほぼ全額を九回にわたる戦時公債発行によって調達した。

オーストリアは、戦時税と公債のほかドイツからの信用供与で切り抜けた。

連合国側のイギリスは、早くから増税による対応をした。労働者などの低所得者に配慮して、中・高所得者の所得税率を引き上げ、さらに高額所得者には別途特別税を課して、社会的不公平感の高まりをやわらげた。こうした方法で戦費の借金を高めないように努めた点でイギリスは際立っており、その結果戦費の二六%を税収でまかなった。この率は参戦国中で最も高く、イギリスは大戦中、資産の平準化が進んだ唯一の国となった。にもかかわらずイギリスは、アメリカ市場からもかなりの額を調達しなければならなかった。

金融力の強いフランスは、前半は短期信用で、後半になって公債、増税による調達も併用した。

ロシアは、国内市場での国債消化は当てにできなかったので、ほぼ全額を英・仏の両国から、さらにアメリカからも調達した。なお、大戦後期には各国とも短期信用による調達方法も増えていった。

いずれにせよ、租税で支えられるのは戦争経費の一部に過ぎず、大部分はいわば借金による調達方法でまかなった。各国とも最初は短期戦争であろうと期待したことと、その後は「勝ったら敵に払わせる」ことを前提にしたからである。それが勝つまでは戦争を続けなければならないという決意を固めさせ、戦争を長引かせる要因の一つになった。

一方一般国民は戦時財政の財源問題にはあまり関心がなく、戦争予算規模の膨張によって起こるインフレーションの方が、直接的に日常生活に影響を与えたので関心も高かった。

戦後になって、戦争中の膨大な戦費とその返済が、世界経済の構造を変化させるような深刻な問題を内包していることが明らかになった。それが戦後のヴェルサイユ条約でのドイツに対する巨額な賠償要求に繋がり、一九二〇年代の国際関係の正常化に大きな障害になった。[12]

12　前出『第一次世界大戦』八四頁〜八六頁

□ブレスト＝リトフスク条約の締結と末期の戦闘

一九一八年二月、ドイツ側は、帝国の解体とロシア革命によって抵抗する力を失ったロシアに圧力をかけるために軍を前進させた。この間ドイツは、進撃を侵略と非難させないために、非ロシア諸民族にドイツの救援を求める声をあげさせ、民族自決を支援するという体裁をとり、ウクライナ、バルト地域を占領した。実態はともあれ、ドイツも公式には民族自決支持を掲げざるを得なくなったのである。

そして前年からの長い交渉の末に、三月三日、ドイツとその同盟国は、革命ロシアと講和条約（ブレスト＝リトフスク条約）を締結した。講和条約は、ドイツ軍の力を背景に、ロシア側に受諾を強要したものであって、その内容は、革命ロシアに陸海軍を武装解除させ、フィンランド、バルト諸国、ベラルーシ、ウクライナの独立を認めさせ、さらにオスマン帝国に対する一八七八年以後獲得したカフカス地域の請求権を放棄させるものであった。

独立した新国家群にはドイツ軍が駐屯し、ドイツの傀儡政権が樹立されて、実態はドイツの保護国同然となった。ロシアは、この条約で耕作可能地の三分の一、炭鉱の九割、製鉄業の七割以上を失った。ヴィルヘルム二世は、この条約を「世界史上最大の成果の一つ」と賞賛した。

しかしこの講和条約は、連合国側に継戦の意思を固めさせ、戦争の正当性を確信させた。しかもこの条約は、ほとんど実現せずに終わった。一九一八年半ばから、ドイツの従属地域となった東欧地域内の混乱、ロシア国内の革命政権と反革命勢力との内戦、それに連合国軍の対ソ干渉戦争がすぐにはじまったため、弱体であった現地の行政機構は機能せず、ドイツ、オーストリアへの穀物輸送もできなくなった[13]。

ドイツの最高軍司令部の実質的な作戦並びに全般的指導者はルーデンドルフであった。ルーデンドルフは、一八年三月、最後の決着を強いる大攻勢のため、バルカン戦線からも七万五〇〇〇人を引き揚げるなどして、西部戦線に一九二師団を結集させた。この作戦で、一週間後にはドイツ軍は約五〇キロメートルも前進した。さらにドイツ軍は、フランス軍陣地に目標を移し、四月はじめにはパリから一一〇キロメートルの地点にまで進撃した。

七月半ば、ドイツは、西はパリ前方、東はウクライナまでの「最大版図」を実現した。しかし、前線に穴を開けても、それを広げ、消耗した部隊に代わって先陣を引き受ける予備兵力は尽きていた。

七月中旬から連合軍は、マルヌ川突出部のドイツ軍に反撃を開始した。そして、連合軍の連続攻撃によってドイツ軍は後退したが、まだ総崩れになって敗走したわけではなくて、最前線の部隊では、兵士も中・下級将校の指揮のもとに整然と退却した。一部の兵站基地を除いて前線全体で比較的規律は維持され、ロシア軍・オーストリア軍のような解体傾向もなく、防衛力も衰えていなかった。

夏ごろから、スペイン風邪と呼ばれたインフルエンザが世界的に大流行し、ヨーロッパの戦線や銃後社会にも及んで猛威を振るった。ドイツ軍の罹患者は五〇万人にも及び、アメリカ軍の死者の半数は、インフルエンザの犠牲者であった。このスペイン風邪は、全世界で第一次世界大戦の犠牲者を上回る死者を出したといわれているが、その流行は大戦と密接な関係にあった。多数の兵士の渡洋を含む移動、兵営や塹壕での集団生活が感染拡大を容易にし、また銃後では、栄養不良などによって体力と抵抗力が低下していた幼児や高齢者に犠牲者が集中した。

その夏には、すでにドイツ本国では、都市・農村を問わず、戦争継続を望まない厭戦ムードが広がり、もはや戦局に関心を持たなくなった人が増えていることを当局も確認している。ベルリンでも、市当局者が、配給食糧だけで市民がどうやって生きているのか不思議だ、と語るほど食糧事情が逼迫していた。

前線背後の後方兵站地域や、ベルリンなどの大都市には、休暇後も原隊復帰を拒んで遊民化した兵、前線への移送に抵抗して拘束される部隊などを含め、事実上軍を離脱した兵士が一〇〇万人近くいたと推定されている。これは、ドイツの勝利があり得ないことを理解して、戦局の推移を見極めるまで待機する消極的離脱者とみることができる。

西部戦線での連合国軍の優位が伝えられると、それまで待機していたバルカン方面など、他の前線でも、連合国軍の攻勢がはじまった。

近東連合軍は、ブルガリアへの攻撃をしかけたが、すでに厭戦気分が広がり戦意のなくなったブルガリアは、九月末に休戦を申し出て、同盟国の中では最初に大戦から離脱した。

オーストリア帝国内では、夏には兵士の脱走・反乱、労働者のストライキが相次ぎ、アメリカ政府が帝国内の民族解放運動を支持する声明を発表したことから、チェコ人の民族独立運動が活発になって帝国は解体過程に入った。カール皇帝は、帝国分解を避けるため、九月半ばに国際社会に向けて講和交渉用意の覚書を発表し、一〇月半ばには国内の全民族に向け、連邦制の下でそれぞれの独立を認める声明を出したが、それはもはや手遅れであった。[14]

13　前出『第一次世界大戦』一八〇頁～一八四頁
14　同書一八四頁～一九六頁

□ドイツの休戦と革命

一九一八年九月末、ドイツは、次々と脱落、離反する同盟国に危機感を募らせていた。連合国側がバルカン戦線などから西部戦線に兵力を移動させ、数的優位を一層高めると考えられたからである。二八日、ルーデンドルフは、ベルギーのスパに置かれた大本営で、皇帝にドイツの危機的軍事情勢を説明し、連合国への即時休戦の申し出と講和交渉を担うに相応しい議会主義政府の樹立を迫り、皇帝から了承された。

ルーデンドルフが考えていた講和は、ウィルソン大統領の一四カ条の原則（一九一八年一月八日にウィルソンがアメリカ連邦議会における演説の中で発表した、講和の公開、公海航行の自由、軍備の縮小、国際平和機構の設立など一四の平和原則）に基づくことを条件とするものであったから、申し出も各連合国政府ではなく、ウィルソン大統領にのみ向けられていた。議会主義政府の樹立を求めたのも、ウィルソンがドイツの軍国主義と専制体制を批判し、民主化を主張していたので、当時の政府では相手にされないだろうと考えたからであった。

しかし、一〇月はじめにこの急転換が議会の各代表に伝えられると、「勝利の平和」を掲げてきたドイツの保守党党首は、「われわれは欺された、裏切られた」と叫んだ。軍首脳が軍事情勢の悪化を隠蔽して、楽観的な情報や説明を繰り返してきたからである。この後、自由主義的と評されたバーデン大公国公太子マルクを宰相に、議会多数派で構成される政府樹立のため、責任内閣制を認める憲法改正が慌ただしく進められた。そのマルク公は、休戦を申し出ながら交渉はできないと、休戦を遅らせるよう主張した。準備なしの休戦申し出は敗北を認めるに等しく、交渉の余地を狭めるからである。しかし、ルーデンドルフは「軍はもう四八時間も待てない」と即刻申し出を送るように迫った。こうしてバーデン内閣は、閣内協議もないまま、直ちにアメリカ大統領に申し出を送らなければならなくなった。

新政府は、ウィルソンとの交渉に追われたが、戦闘は続いていた。政府の統制の目が届きにくくなった中で、休戦目前の一〇月末、海軍軍司令部・ドイツ大洋艦隊司令部は、全艦隊をイギリス艦隊との決戦に出撃させる作戦を企てた。このまま休戦を迎えれば、国民の海軍に対する信頼は地に落ち、将来の再建が不可能になるばかりか、海軍将校団の名誉も傷つくというのがその理由であった。これは、文字どおりの自滅覚悟の出撃作戦計画であったが、広い意味では軍指導層にある休戦講和への不満の噴出であった。

政府には作戦の内容を知らせないまま、全艦隊がキール沖に集結した。この自殺攻撃に等しい作戦は、乗組員を犠牲にするばかりか、政府の休戦・講和交渉も打ち壊すもので、「提督たちの反乱」に他ならなかった。しかし、作戦はすぐに乗組員の知るところとなり、彼らは命令不服従で出撃に抵抗した。これが「キール軍港の水兵反乱」と呼ばれる、ドイツ革命の発端となった事件である。

水兵らの行動は、本国の陸軍兵士も、また工業労働者、社会主義政党、さらに広範な国民も支持し、軍部支配や帝政に代えて社会主義政府を成立させる潮流を作り出した。この間、帝政を支持して革命に抵抗する動きはほとんどなく、ドイツ革命は事実上無血革命となった。[15]

なお、政治学者の丸山眞男は、革命の価値と意義を論じる過程で、他を引き下げる革命と自らを高める革命があるとしたうえで、キール軍港で反乱を起こした水兵の「われわれも一度はニキッシュの演奏をききたいから」という言葉を紹介している。丸山によれば、このキール軍港の水兵の反乱は、怨恨や憎悪によるような他を引き下げる平等化要求ではなく、矜持による自らを高める平等化要求ということになる。[16]

ここにあるニキッシュはベルリンフィルの首席指揮者であるが、このエピソードは、死地に向かうことを命じられた水兵がそれに抵抗して、市民として名演奏を聴きたいというものである。これはまさしく死から生への高みを目指す切実な願いだろうが、果たしてこの水兵は、ニキッシュが振る「運命」（ベートーヴェン作曲交響曲第五番）を平穏な気持ちで聴くことができただろうか。その後の休戦協定や講和条約では、ロシアのボルシェヴィキやアメリカのウィルソン大統領が呼びかけた「無償金」の原則が実現せず、ドイツ国民に苛酷な運命を強いるものになったから、戦争終結という丘に這いあがったとしても、安穏な人生を送るのは容易なことではなかっただろうと想像される。

15　前出『第一次世界大戦』一九七頁～二〇一頁
16　丸山眞男『丸山眞男講義録　第三冊　政治学』（東京大学出版会）九四頁

□コンピエーニュの休戦協定

一九一八年一一月一一日、ドイツ新政府代表団は、パリ近郊のコンピエーニュで連合国側との休戦協定に調印した。休戦協定とは言え、その内容はドイツの交戦能力を奪う厳しい要求を列挙したもので、ヴェルサイユ講和条約の先取りと言われるほどのものであった。

ドイツは、フランス・ベルギー占領地とアルザス＝ロレーヌからの一五日以内の撤兵、砲五〇〇〇門・機銃二万五〇〇〇丁・全潜水艦・一七〇〇機の軍用機・機関車五〇〇〇両・貨車一五万両・トラック五〇〇〇台の引き渡し、捕虜の無条件釈放、ブレスト＝リトフスク・ブカレスト両条約の破棄を命じられた。とりわけドイツ側を失望させたのは、経済封鎖が解除されなかったことであった。[17]

なお、ブカレスト条約とは、ドイツとルーマニア（一九一六年に連合国側で参戦）との間で一九一八年五月に締結された講和条約であるが、その内容は、オーストリア、ブルガリアにルーマニアの領土を割譲させたほか、ドイツ自身はルーマニアをドイツ主導下の関税同盟に加入させ、ルーマニアの石油産出量の過半を手に入れ、さらに一九一八年・一九一九年のルーマニアの全余剰農産物をドイツ、オーストリアに引き渡すことであった。しかし、このブカレスト条約はコンピエーニュの休戦協定で破棄されたので、ブレスト＝リトフスク条約と同様に実現せずに終わった。[18]

17　前出『第一次世界大戦』二〇一頁
18　同書一八三頁

□ヴェルサイユ講和条約

一九一九年六月二八日、ヴェルサイユ宮殿の鏡の間で、対ドイツ講和条約が調印された。以後、同盟国側との調印が続き、軍人だけで一〇〇〇万人以上の死者を出した第一次世界大戦は正式に終了した。

この条約は、当時からさまざまな批判や反論を呼び起こし、「ドイツに苛酷な」条約という評価が長く定着していた。支払い不能といわれた高額な賠償要求、全海外植民地の没収、一方的軍備制限、隣接諸国への領土割譲などがその例として挙げられた。

しかし、『第一次世界大戦』(筑摩書房)の著者木村靖二は、賠償総額一三二〇億マルクは天文学的数字と評されたがドイツが支払った総額は一九一億マルク程度ではないかと言われていることなどを挙げて、現在では、ヴェルサイユ条約の内容、連合国側・ドイツ側の対応などが見直された結果、当時としてはそれなりに考えられた条約である、という評価に落ちついていると言っている。[19]

そして木村は、第一次世界大戦の近代史あるいは二〇世紀の歴史における位置づけについて、大きな時代の括りでは大戦が近代から現代への転換点になったとし、その転換点の基本的構造を明らかにしているが、その要旨を列挙すれば、次のようになる。

第一に、大戦は列強体制が支配的であった国際関係を否定し、対等な国家から成る国際関係――その具体化が国際連盟である――に導いた。大戦後の国際体制はヴェルサイユ体制と呼ばれるが、それは国際連盟と一体化した体制を目指したものであった。

第二に、国際社会の構成単位が、帝国から国民国家に移行した。これは、民族自決権が国際社会の基本原理と認められたことの結果である。民族自決権が国際的に普及化し、安定した存在になったことは、第一次世界大戦後に成立した諸国家と国境が基本的には現在でも継続し、現在国民国家が二〇〇を超えていることからも容易に見て取れる。

第三に、大戦は、国民国家に二つの重要な現代的内容を与えた。その一つは、公的領域・政治への国民参加である。すなわち、国民参加型国家、大衆参加型社会への移行を推進した。もう一つは、国民国家の福祉国家化、社会国家化である。それを法的に体系化したのがドイツのワイマール憲法である。それは福祉国家への第一歩であり、結果としてそうなったものの、国民国家の福祉国家化の道が開かれてきた。

そして木村は、次のように言う。すなわち――

第一次世界大戦の負の遺産としては、第一次世界大戦が前例のない暴力の発動であったことから、その後に続く一連の戦争・内戦の原点、破局の原点であるととらえる見方があり、大戦という巨大な暴力行使が、戦後社会に暴力に寛容な政治文化を広げるという形であらわれた。国内の政敵や反体制派への抑圧での暴力の多用、国際対立での軍事手段の容認の度合いは、戦前よりはるかに高くなった。[20]

ここで留意すべきは、第一次世界大戦の戦後処理は、暴力の火種を残してしまったことである。

その火種はどこに残したのだろうか。基本的には、暴力に寛容になってしまった政治文化の中に残したのだろうが、具体的にはどこに火種が残ったのだろうか。それは、当時としてはそれなりに考えられていたとは言うものの、やはりヴェルサイユ条約の中に残したのではないかと思われる。

ドイツに課せられた賠償金の支払いのために、ドイツはマルク紙幣を増刷して、まさしく暴力的としか形容のしようがないハイパー・インフレーションに襲われるのである。

ここで、節を改めて、第一次世界大戦後の様相を見ることにしよう。

19　前出『第一次世界大戦』二〇五頁〜二〇八頁

20　同書二〇九頁〜二一七頁

第二節　第一次世界大戦から第二次世界大戦まで

□ワイマール体制下ドイツのハイパー・インフレーション

一九一八年一〇月にキール軍港で起きた水兵の反乱に端を発して、ドイツ各地の帝政が崩壊し、一一月九日にはヴィルヘルム二世が帝位を追われてオランダに亡命して、帝政ドイツの幕が閉じられた。その日からドイツは共和制に移行することになるが、その翌々日の一一日には休戦条約が結ばれ、第一次世界大戦はようやく終結した。

翌一九一九年にはワイマール憲法が制定されたが、その年から一九三三年に事実上崩壊するまでの戦間期の政治体制をワイマール体制という。そのワイマール体制下のドイツは、ワイマール共和国（ヴァイマル共和国）と言ったりドイツ共和国と言ったりされている。そのワイマール体制下の政治は、入り組んだ政党間の抗争があって非常に複雑な展開をするが、この本では、ワイマール体制の初期に起こったハイパー・インフレーションに的を絞って検証することにしたい。

そこでまず、ヴェルサイユ条約によってドイツに課せられた苛酷な賠償条件を見ておこう。

ドイツは、エルザス＝ロートリンゲン（アルザス＝ロレーヌ）、シュレージエン、シュレースヴィヒ北部という工業部門や農業部門で資源豊かな地方を割譲させられた。これによって、新生ドイツは、農業生産部門の一〇％から一五％、鉄鉱石の七五％、鋳鉄の三〇％、鉄鉱および石炭生産の二五％を失った。

その他に、輸送用機材（機関車五〇〇〇両、貨車一万五〇〇〇両、トラック五〇〇〇台、商船隊の大部分、漁船の二五％、川舟の二〇％）と石炭（ザール産石炭をフランスに、合計二四〇〇万トンの石炭をベルギーとイタリアの両国に）を渡さなければならなかった。これに加えて、賠償として一九二一年までに現金で一〇億マルク、現物で五〇億マルクを支払わなければならなかった。[1]

その賠償金の第一回の支払いとして、ドイツは一九二一年八月末までに一〇億ゴールド・マルクを支払わなければならなかった。この支払いをさせるために、連合国に規制委員会が設立され、ドイツが条件の受諾を拒否したら、連合国はただちに通商制限を行い、ルール川流域全域を占領することが決定された。ドイツ当局は、マルクをドルに換えるのに必要な外国通貨を手に入れるために大変な苦労をした。そのときはすでに、マルクの暴落がはじまっていたからである。そのうえ、ライヒスバンク（ドイツの中央銀行）が数年前に契約したオランダからの債務二七〇〇万マルクを短期間で返却しなければならなくなって、事態は急速に悪化した。中央銀行が準備金として保管しておくべき外国通貨が、連合国への第一回の支払いのためにゼロになっていたから、オランダに支払う外国通貨を獲得するためには、為替市場でマルク紙幣を売るしか方法がなかった。そこで、大蔵省短期証券を割引発行して、マルク紙幣が増刷された。[2]

紙幣の洪水は、たちまちマルク売りの投機を発生させマルクは急落した。しかし、ドイツをハイパー・インフレーションに追い込んだ決定的要因は、「消極的抵抗」と呼ばれるもの、すなわちフランス・ベルギー連合軍によるルール地方占領に抗議して、ドイツ政府が生産停止を命じた出来事だといわれている。そこで、この「消極的抵抗」を見ておこう。

ドイツの賠償支払いの延期の求めに対して、フランス首相ポアンカレはルール地方を占領する決定を下した。一九二二年一一月に、ドイツにはヴィルヘルム・クーノを首班とする内閣が発足したが、この内閣は、連合国間相互の意見の分裂を当て込んで、抵抗政策の道を選ぶ方針を決めた。その思惑通り、イギリス、イタリアの両国は、ルール地方の開発権没収、ドイツの租税収入差し押さえなどを含むドイツ制裁策を主張するフランスに同調する気配を見せなかった。しかし、イギリスの反対があったにもかかわらず、一九二三年一月、フランス、ベルギー両国は、ドイツ政府に、ルール地方に「工場・鉱山監督委員会」という機関を設けることを通告し、六万人の兵力をこの地方の主要地点に駐留させた。これに対し、クーノ政権は、賠償支払いをいっさい停止するとともに、パリおよびブリュッセルに駐在する大使を召還し、すべての官吏に占領軍の命令に服従するのを拒否するよう命じた。

こうした消極的抵抗の動きは、ルール地方の住民のあらゆる階層に、またたく間に広がっていった。経営者も労働者も、一体となってゼネストを決行した。石炭業の労働組合は、書類いっさいを携えてハンブルグに逃避した。フランス、ベルギー両国の行動を非難する点では、ドイツのすべての政党が足並みをそろえた。フランス、ベルギー両国は、言うことを聞かない官吏を追放し、企業経営者を投獄した。ドイツ労働者とフランス軍との間で衝突が起こった際には、フランス軍が発砲し、一三人の労働者が死亡した。

この消極的抵抗は一九二三年一月から九月まで続けられたが、ドイツの経済、財政にとっては、あまりにも高くつき過ぎた。ドイツ政府は、その間、産業経営者に補助金を与え、ストライキ中の俸給生活者にも補償金を給付しなければならず、その負担額は三五億マルクに達した。これは、ドイツが負担不可能と主張している年間賠償額の二倍以上にのぼるものである。この消極的抵抗以後に、マルクの価値は下がりに下がった。そして、生産活動は混乱し、民衆の間に貧困と無秩序が蔓延した。

ドイツマルクの下落、すなわち、ハイパー・インフレーションを、一九二一年から一九二三年までの一ドル当たりの対マルク相場で見ておこう。

一九二一年一月の一ドル七六・七マルクに対し、一九二二年一月一九一・八マルク、一九二二年七月四九三・二マルク、一九二三年一月（ルール地方の占領と消極的抵抗のはじまった時期）一万七七九二・〇マルク、一九二三年七月三五万三四一〇・〇マルク、一九二三年八月四六二万〇四五五・〇マルク、一九二三年九月（消極的抵抗の終わる時期）九八八六万〇〇〇〇・〇マルク、一九二三年一〇月二五二億六〇二〇万八〇〇〇・〇マルク、一九二三年一一月一五日四兆二五〇〇億〇〇〇〇万〇〇〇〇・〇マルクである。[3]

企業家たちは、通貨の下落を予想して、資金を商品製造やサービス提供から引きあげ、投機に使いはじめた。実業は二の次になって、マルクの下落に賭けることが一番のゲームになり、そのことが通貨のさらに大幅な下落をもたらした。ドイツ人はもう財布を使わなくなった。毎日の支払いに必要な紙幣は、スーツケースや手押し車、それに乳母車などで運ばなければならなくなったからだ。ベルリンでは、ジャガイモや卵、バターの値段は一日に六回も変わった。商人は品物を紙幣と交換するのを嫌がったので、物々交換が行われた。物価上昇があまりにも激しいので、賃金は二時間おきに支払われた。

フランクフルト近辺のすべての警察職員の給与や年金、特別恩給などの事務を扱う責任者だった人がいた。彼女が扱ったケースに、四人の子供を残して死んだ警察官の未亡人がいた。未亡人には死んだ夫の給与三か月分を支給されることになっていた。責任者はそのお金を非常に慎重に扱い、何度も何度もチェックして必要書類をワイスバーデン（ヘッセンの州都）に送った。そこでまたチェックされ、ゴム印が押されてから、フランクフルトに返送された。このすべての手続きが終わって、お金が最終的に未亡人に支払われたときには、その金額はたったマッチ三箱分になっていた。[4]

庶民は絶望していた。絶望した庶民たちは、怒りのあまり荒れ狂った。工場の門の外では攻撃的なストライキが行われ、街では暴動が起こった。[5] そのような混乱とともに、このハイパー・インフレーションによってドイツ国民が経験した苦しみは、かつてないほど深刻な精神病が広まったことである。一〇〇万とか数十億、数十兆とかいう、とてもこの世のものとは思えないような数を考え計算しなければならないために、「ゼロ症候群」という神経症が流行した。このような状況では、正気と狂気の境目がぼやけてくるという。[6]

しかし、ようやく光が見えはじめた。新任の首相シュトレーゼマンは、一九二三年九月、ルール地方での消極的抵抗政策を放棄し、賠償問題について連合国との交渉を再開することに決めた。そして、一九二三年一一月二〇日、ついにマルク紙幣の発行が停止され、一時的な緊急通貨として、「レンテンマルク」が極めて限定された額だけ発行されることになった。工場は操業を再開し、農民は農産物を引き渡しはじめた。中央銀行は、政府がこれ以上借金をすることを許さず、そのことで通貨への信頼を維持した。しかし、平均的なドイツ人の人生設計の多くは宙に消えてしまった。残りの人生を終身保険や年金などに頼る予定だった老人たちは、見捨てられたのと同然だった。[7]

第一次世界大戦が「暴力の」エネルギーだとしたら、戦後のドイツのハイパー・インフレーションで費やしたのは、大戦が引き起こしたという意味で「暴力による」エネルギーだと言えるだろう。そして同時に、ハイパー・インフレーションは、「暴力のための」エネルギーも蓄積した。

不気味な足音が忍び寄ってきた。ヒトラーが近づいてきたのである。

一方、ドイツがハイパー・インフレーションで荒れ狂っている間に、東方のロシアでは、ボルシェヴィキが旧ロシア帝国領の再統合を企図し、一九二二年一二月、ロシア、ウクライナ、ザカフカース、白ロシア（ベラルーシ）の四つのソビエト共和国で構成されるソビエト社会主義共和国連邦（以下、「ソ連」という）を成立させた。

1　リタ・タルマン著、長谷川公昭訳『ヴァイマル共和国』（白水社）四七頁〜四八頁

2　ロバート・ベックマン著、斎藤精一郎訳『経済が崩壊するとき　その歴史から何が学びとれるか』(日本実業出版社)一七四頁~一七六頁
3　前出『ヴァイマル共和国』四九頁~五二頁
4　前出『経済が崩壊するとき』一八三頁~一八六頁
5　同書一八七頁
6　同書一八九頁
7　同書一九五頁~一九六頁

□ナチズムの台頭

ドイツの首相シュトレーゼマンが、一九二三年九月、消極的抵抗政策を放棄した時点に戻ろう。シュトレーゼマンが消極的抵抗に終止符を打つ決定をしたことを口実にして、ミュンヘンで反乱(ミュンヘン一揆)が起こった。一九二三年一一月八日、どさくさに乗じて、ナチ党首ヒトラーが銃を携えた数人の男たちを伴って州総監の主催する集会にあらわ

れ、保守系の盟友たちを脅してベルリンでの集会へ引きずり込もうとしたのである。しかし翌日ヒトラーは逮捕され、禁固五年の判決を言い渡されたが、九か月の拘禁で釈放された。[8]

ここから先の歴史は、あまりにも複雑に展開するのであるが、この本は歴史書ではないので、手許にある教科書を参考にして概略だけを述べることにしたい。[9] しかし、ナチズムの台頭から第二次世界大戦、大戦後の戦後世界を経て今日に至るまでの歴史は、教科書とは言っても優に一〇〇頁を超えるボリュームになるから、周知されている歴史的な事実について教科書を参考にしながら、本書の目的に沿う事項を記述するにとどめさせていただくことにする。

さて、ナチ党（ドイツ国家社会主義ドイツ労働党）は、第一次世界大戦敗戦直後の一九一九年に成立したドイツ労働党が翌年に改称したものである。ヒトラーは、ヴェルサイユ条約を憎悪し、一九一九年にドイツ労働党に入党して、巧みな弁舌で党の主導権を掌握し、一九二一年には党首になった。しかし、ミュンヘン一揆の失敗の後には方法を転換して、合法的な選挙によって政権を奪取することを企み、議会において党勢を伸ばすことにした。

シュトレーゼマンの消極的抵抗政策の放棄とレンテンマルクの発行によってハイパー・インフレーションは収まったものの、アメリカ発の世界恐慌（一九二九年にニューヨーク証券取引所を舞台にした株価の暴落からはじまる大恐慌）の波はドイツにも及び、失業者が増えて政治も社会も混乱状態に陥った。そして、政治的にも経済的にも数々の失敗を重ねたワイマール共和国は多くの選挙民の不興を買い、それにつけ入ったナチ党は、議会において多数の当選者を出すようになった。その議席数の変遷を見ておこう。

ナチ党は、一九三〇年九月の総選挙で一〇七議席を獲得して第二党に躍進した。一九三二年七月の総選挙では二三〇議席（得票率三七・八％）を獲得して第一党になり、同年一一月の総選挙では議席数を一九六に減らしたものの、第一党の地位は維持した。

この総選挙では、共産党が大躍進して議席数を一〇〇に伸ばしたが、これに危機感を覚えた産業界や軍部が共産党の抑え込みを期待してナチ党に接近をはかった。

そして遂に一九三三年一月、ヒンデンブルグ大統領は、ヒトラーを首相に任命した。

ヒトラーは、内閣発足の二日後に議会を解散し、選挙日を三月五日と決定した。その選挙日直前の二月二七日深夜に国会議事堂が炎上する事件（国会議事堂放火事件）が発生し、元オランダ共産党員が犯人として逮捕された。これを口実にして、ヒトラーは共産党を解散させた。その三月の総選挙の結果、ナチ党が五二％の議席数を占めて、全権委任法（授権法）を可決した。これは政府に立法権を与えるという法律であって、事実上議会政治は死滅したことを意味する。

そして、五月には労働組合を禁止し、ユダヤ人やその文化の弾圧を開始した。その先頭に立って反ナチス的と見られた組織や人々を弾圧し、恐怖政治を行ったのがゲシュタポ（秘密警察）である。さらにヒトラーは、七月にナチ党以外のすべての政党を解散させて、ナチス独裁体制が完成した。このナチ党支配下のドイツに、神聖ローマ帝国、ドイツ帝国に続く「第三帝国」が出現したのである。

この第三帝国は、四か年計画に着手し、アウトバーン（高速自動車道路網）などの大規模公共事業や軍需産業を興して失業者の吸収をはかり、福祉の充実やレジャー産業、ラジオの普及など国民の支持を得るような政策を打ち出した。

そして一〇月、国際連盟を脱退し、一九三四年八月にヒンデンブルグが死亡すると、大統領制を廃止し、独裁制を確立した。すなわちヒトラーは、総統という大統領と首相を兼ねる地位に就き、完全な独裁者になったのである。

一九三五年一月、ザール地方を住民投票でドイツ領に編入し、ヨーロッパ有数の炭田地帯をドイツに奪回した。これは、ナチ政権の最初の領土拡大であり、ここから次々に対外侵略をすすめてゆくことになった。

同年三月、ヒトラーは、再軍備宣言を出し、ヴェルサイユ条約を破棄した。そして、徴兵制を復活し、軍備の大幅増強に着手した。

同年六月、英独海軍協定が結ばれた。これは、イギリスがヴェルサイユ条約を無視して、ドイツに対英三五％の海軍力を認めるものであった。

この年に仏ソ相互援助条約が締結されたことを理由にして、ヒトラーは、一九三六年三月、ロカルノ条約（一九二五年、イギリス、フランス、ドイツなどヨーロッパ七か国が締結した地域的集団安全保障条約。第一次世界大戦後の懸案であったフランス・ベルギーとドイツの間の国境地帯〈ラインラント〉の不可侵などを定め、翌年の条約発効を条件としてドイツの国際連盟加盟が実現した。この条約にはソ連は加えられず、英・仏に不信感を持った）を破棄して、ラインライト進駐を強行した。これによって、ヴェルサイユ体制は、完全に崩壊した。

イタリアでは、第一次世界大戦の混乱の中で、一九二二年にムッソリーニの率いるファシスト党が政権を掌握した。そして、一九三五年一〇月にエチオピアに侵攻し、一九三六年三月にエチオピアを併合した。

日本は、軍部などのファシズム勢力が台頭して、一九三一年の柳条湖事件をきっかけにして満州事変を起こし、一九三二年三月には満州国の建国を宣言した。そして、一九三三年三月に国際連盟を脱退し、一九三六年一月にロンドン軍縮会議を脱退した。

ドイツは、一九三六年一〇月にベルリン＝ローマ枢軸を、一一月に日独防共協定を結んだ。そして一九三七年一一月、日独伊（三国）防共協定が成立し、ファシズム体制は固められていった。

8　前出『ヴァイマル共和国』五八頁〜五九頁

9　以下、鈴木敏彦『ナビゲーター世界史Ⓑ4　帝国主義〜現代史の徹底理解』（山川出版社）、亀井高孝、三上次男、林健太郎、堀米庸三『世界史年表・地図』（吉川弘文館）を参考にした。

第三節　第二次世界大戦

□チェコスロヴァキア併合とポーランド侵攻の開始

一九三八年三月、ドイツは、「ドイツ民族の統合」という理由をつけてオーストリアを併合した。

ヒトラーは、もともとはオーストリアのブラウナウ生まれのオーストリア人であったが、第一次世界大戦以前からの大ドイツ主義者であって、一九三二年にはドイツ国籍を取得してドイツ人になった。オーストリア併合は、所期の目的を達成したことになる。

次にドイツは、三〇〇万人近いドイツ系民族が住んでいたチェコスロヴァキアのズデーテン地方を狙った。

しかし、ドイツのチェコスロヴァキア侵攻には英・仏が強く反対して、英独間で戦争が起こりかねない雰囲気になった。これに対してはムッソリーニが仲介して、一九三八年八月、英・仏・独・伊のミュンヘン会談が開かれ、ミュンヘン協定が締結された。この協定によって、ヒトラーの要求通りにドイツによるズデーテン地方の領有が認められた。この会談でイギリス首相ネヴィル・チェンバレンが主張した政策は、戦争をひたすら避けようとする宥和政策であった。反ソ・反共が第一と考えたチェンバレンが、この会談で戦争を回避しようとしてヒトラーに譲歩したことによって、ヒトラーは、英・仏には強い覚悟がないと判断した。

一方ソ連は、この会談の経過を見て、英・仏に対する不信感をいっそう募らせた。すなわちソ連は、英・仏はこの会談でドイツの要求をそっくり受け入れて、ドイツがソ連の方向に向かって侵略するように仕向けていると確信したのである。

英・仏に覚悟がないと見たヒトラーは、次の侵略にかかった。

一九三九年三月、ドイツ軍がチェコスロヴァキアの首都プラハと残りの部分を占領する直前、ヒトラーは、配下の将軍たちに、自分はポーランドを粉砕し、ポーランドという資源から最大限の利益を得、もって中欧から南欧に及ぶ支配権を確立するつもりであり、外交ではなく征服によってポーランドを無力化する決意であると告げた。そして、アメリカの「ユダヤ式民主主義」を叩き潰す所存だとつけ加えた。[1]

その三月、ドイツは、チェコスロヴァキアをチェコ（ベーメン〈ボヘミア〉・メーレン〈モラヴィア〉地方）とスロヴァキアに解体してチェコの部分を併合し、間もなくスロヴァキアも保護国として、チェコスロヴァキアの全土を支配下に置いた。

ヒトラーは、チェコスロヴァキア併合後、ポーランドに対して、ダンツィヒとポーランド回廊（ヴェルサイユ条約でポーランド領とされ、ドイツ本土と東プロイセンを分断する形となった地域）を要求した。

ここまでドイツの侵略が進んでしまったところで、英・仏はようやく目覚めて、ポーランドと相互援助条約を結び、ドイツとの対決姿勢を明らかにした。

しかし一九三九年八月二三日、ドイツは、突如独ソ不可侵条約を発表した。

その直前まで、ドイツはソ連（共産主義）を最大の敵とし、ソ連はドイツ（ナチズム）こそが最大の敵として非難し合っていたが、ドイツは東西両方面からの攻撃回避が、そしてソ連は軍備拡大のための時間稼ぎが必要であったため、束の間の野合が成立したのである。この条約では、ポーランドの西半分をドイツの、東半分とバルト三国（エストニア・ラトヴィア・リトアニア）をソ連の、それぞれ勢力範囲とするという密約が交わされた。

こうして、ドイツ軍のポーランド攻撃の準備が整い、第二次世界大戦の前夜を迎えることになった。

1 アントニー・ビーヴァー著、平賀秀明訳『第二次世界大戦1939―45上』（白水社）四一頁〜四二頁

□第二次世界大戦のはじまり

一九三九年九月一日、ドイツ軍がポーランドを攻撃し、第二次世界大戦がはじまった。それに対して、同月三日、英・仏がポーランドとの相互援助条約に従ってドイツに宣戦布告をした。しかし、ドイツ軍は瞬く間にポーランドの西半分を占領した。それに続く同月一七日、ソ連軍も、ポーランドに侵入を開始して東半分を占領した。こうしてポーラン

ドは、東西から侵略され、すべての領土を失った。

その後ソ連軍は、九月にバルト三国に侵攻し、一一月にはフィンランドに侵攻して、翌年に領土の一部を奪った。ソ連は、このフィンランド侵略で、一二月に国際連盟から除名された。

英・仏は、宣戦布告後に西部戦線（第二次世界大戦において、ドイツの西側に位置する戦線で、連合国軍とドイツ軍が戦闘した）に一一〇師団もの軍隊を派遣したが、さしたる攻撃はしなかった。

これに対してドイツは、一九四〇年四月にデンマークとノルウェーを、五月にオランダとベルギーを攻略し、あっと言う間に占領してしまった。

この五月から六月にかけて、大陸に派遣されていたイギリス軍は、三〇万のドイツ軍に包囲され、一部のフランス軍とともに西部戦線のダンケルクから撤退した。この間にチェンバレンは責任をとって辞任し、対ドイツ強硬派のウィンストン・チャーチルがイギリスの首相になった。

フランスにも進撃していたドイツ軍は、パリを占領し、八月二二日にフランスを降伏させた。その結果、フランス北部・西部はドイツの直接占領下におかれ、南部には第一次世界大戦の英雄ペタンを元首とするヴィシー政府という対独協力政府がたてられた。これに対して、フランス将軍ド・ゴールらがロンドンに亡命政府（自由フランス）を組織して、ドイツに対しレジスタンスを続けた。

イギリスは、チャーチルの指揮のもとでドイツ軍による激しい空襲に耐え抜き、ドイツ軍のイギリス上陸も阻んで、ドイツ軍を最後まで苦しめ続けた。

そして、参戦を引き延ばしていたイタリアも、ドイツ軍の優勢を見て、六月一〇日にドイツ側に立って参戦した。

これに対し、一九四一年三月、それまで中立を保っていたアメリカで武器貸与法が成立し、連合国側への武器供与をはじめた。

□独ソ戦の開始と反ファシズム連合の成立

一九四一年六月二二日、ドイツは、一方的に独ソ不可侵条約を破ってソ連に侵攻し、独ソ戦が開始された。バルカン半島での対立が深まったことや、ソ連の石油・穀物などを奪おうとして、ドイツが開戦に踏み切ったのである。

開戦当初はドイツ軍の進撃はめざましく、ソ連に大打撃を与えた。しかし、冬になるとソ連の抵抗が強まり、一二月にはドイツの進撃が止まって、戦争は長期化していった。

プーチン大統領は、この独ソ戦を引き合いに出してウクライナ戦争を正当化しているが、ウクライナが他国を侵攻した事実はないので、プーチンの言い分は筋が通っていないと言うべきだろう。

さて、独ソ戦の開始によって、戦争の構図は大きく変化した。それまで対立していた米・英とソ連の関係が急速に改善された。そして、米・英・ソ連の反ファシズム連合が成立し、一致協力して独・伊と戦うことになった。

さらに、同年八月一四日、米国フランクリン・ルーズベルト大統領と英国チャーチルの両首脳が大西洋上で発表した大西洋憲章（第二次世界大戦後のアメリカとイギリスの目標、すなわち、領土拡大を求めないこと、民族自決、軍縮などの八主要条項を示した声明）にソ連が賛意を表し、この三国の協力関係が強化された。

一方、ナチスドイツは、占領地に強制収容所を建て、ユダヤ人や政治犯などを強制的に労働させ、大量虐殺を行った。ポーランド南部のアウシュビッツ収容所では、一五〇万人ものユダヤ人をガス室に送って殺したと言われている。

これらのドイツ占領軍の非道に対して、各地でレジスタンスとかパルチザン闘争とかいわれる非正規軍による武装抵抗運動が展開された。その中でティトーは、ソ連軍の助力を受けずにユーゴスラビアからドイツ軍を追い出した。

□太平洋戦争に拡大

一九三九年七月、日本の中国侵攻に対抗して、アメリカが日米通商航海条約を破棄した。翌一九四〇年九月、日本軍がフランス領インドシナ北部に進駐した。

そして同月、日独伊の三国軍事同盟条約が締結され、枢軸陣営が強化された。

また、一九四一年四月には、日ソ中立条約が結ばれた。これは、日本の北方を安全にしておいて、対米関係を有利に運ぶことが目的であったが、その二か月後の六月にドイツがソ連に侵攻したので、この条約の効力は不安定になった。

これに対しアメリカは、七月、在米日本資産を凍結し、八月には石油の輸出を全面的に禁止した。そのころから、日本のマスコミなどで「ＡＢＣＤライン」という言葉がさかんに使われるようになった。Ａ（アメリカ）・Ｂ（イギリス）・Ｃ（中国）・Ｄ（オランダ）の四か国が、日本を包囲する反日協力体制をつくっているとして、日本国民の敵愾心を煽ったのである。

一九四一年一〇月に成立した東条英機内閣は、四月からの日米交渉が行き詰まって、アメリカとの戦争開始を決定した。

そして一九四一年一二月八日、日本の連合艦隊がハワイの真珠湾を奇襲し、日・米の開戦となった。同月一一日には、ドイツとイタリアもアメリカに対し宣戦を布告し、ヨーロッパではじまった大戦は太平洋戦争に拡大した。

一九四二年一月一日、米・英・ソ・中の四か国が連合軍共同宣言に署名した。その翌日には二二か国がこれに加わり、連合国として独・伊・日のファシズム諸国の枢軸国と対峙する、文字通りの世界大戦となった。

日本軍は、真珠湾攻撃の直前にマレー半島に上陸し、その後シンガポール、インド、フィリピン、ビルマなどにも侵攻して占領した。その結果、それらの地域を植民地にしていたイギリス、オランダ、オーストラリアとも戦争をした。

日本は、占領した地域で、欧米諸国の白人支配からアジアを解放して「大東亜共栄圏」を建設すると唱え、日本のアジア支配を正当化した。そして、アジアの民衆に「日の丸」「君が代」を強制したり、皇居のある方角を拝ませたり、日本語を教え込んだりする「皇民化政策」（天皇に忠実な民をつくる政策）を実施した。

とくに朝鮮では、七〇万人〜一五〇万人にものぼると推定される朝鮮人を強制連行して、日本の鉱山などで苛酷な労働を強制したり、朝鮮人に日本式の氏名を無理矢理に名乗らせる創氏改名を強いたりした。

また中国では、占領地を安定化させるために、占領した村々を「奪い尽くし、殺し尽くし、焼き尽くす」三光作戦を行った。これに対し、中国側は、ゲリラ的な戦いで抵抗した。

さらに日本軍は、マレー半島、シンガポール、フィリピン、インドネシアなどで、民衆に対して残虐行為や強制労働を繰り返した。これに対しても激しい抵抗運動が起こり、各地に大きな傷跡を残した。

今にしてみれば、日本軍がしたことは信じられないような暴挙であるが、その後八〇年を経た現在までも、世界各地でこのような残虐行為が続けられていたし、続けられている。そして、プーチン大統領がやっていることも、このような残虐行為と違いはない。

では、どうやればプーチンの戦争を止めさせることができるのか、また爪痕をできるだけ残さないようにするためにはどうしたらよいか。それを探求するために、もう少し歴史の流れを見ておこう。

□戦局の転換

一九四二年半ばから四三年にかけて、連合国側の優位が次第に明らかになってきた。

一九四二年六月、日本軍は、ミッドウェイ海戦で海軍の主力部隊が壊滅して敗北した。翌四三年二月にはガダルカナル島から撤退した。

ヨーロッパ・アフリカ戦線でも独・伊軍の劣勢が明らかになってきた。

一九四二年八月から四三年はじめにかけてのスターリングラードの戦いで、ドイツ軍の最精鋭部隊三〇万人がソ連軍の猛攻を受けて壊滅し、捕虜となった兵士も強制労働でほとんど死亡した。

また、一九四二年一一月から四三年五月にかけて、アメリカのアイゼンハワー将軍の率いる部隊が、作戦のうまい「砂漠のキツネ」とあだ名されたドイツのロンメル将軍の部隊を破った。

一九四三年には、一月のカサブランカ会談（ルーズベルトとチャーチルとで北アフリカや地中海方面などに関する作戦が協議された）、一一月のカイロ会談（ルーズベルトと蔣介石とで主として対日作戦と日本の降伏の条件が決められた。降伏の条件とは、太平洋上の島の放棄、満州や台湾などの返還、朝鮮の独立である）、一一月〜一二月のテヘラン会談（ルーズベルト・チャーチル・スターリンで第二戦線が協議され、ソ連の対日参戦問題や大戦後の国際的な安全保障組織について話し合われた）が行われ、戦局の行方に大きな影響を与えた。

ここで言う「第二戦線問題」とは、ソ連が要求した、ドイツに対する西方からの大規模な反戦作戦のことである。ソ連は、東部戦線（ドイツとソ連との戦争）での大きな犠牲を払っているのに、米・英は犠牲を少なくするために、アフリカや地中海方面だけで戦争をしていると感じていた。そして、米・英がなかなか第二戦線を実行しないのは、ドイツとの戦いでソ連に大きな打撃を受けさせようとしているからであると疑っていた。このころから、第二次世界大戦後の「冷戦」がはじまっていたとみることができる。

このテヘラン会談に先立つ一九四三年五月に、スターリンは共産主義の輸出機関であるコミンテルンを解散した。これは、米・英との関係をより深めるためであったが、コミンテルンを解散したうえでテヘラン会談に臨み、第二戦線問題を要求したという流れになる。

また、ソ連の対日参戦が、一九四三年一二月の時点、すなわち、実際に参戦した四五年八月の一年半以上も前に協議されていたということは注目に値する。

少し遡るが、一九四三年七月、アイゼンハワーが率いる米・英軍がシチリア島に上陸し、さらにイタリア本土にも迫ったので、ムッソリーニは退陣し、逮捕された。そして九月、バドリオ内閣が成立し、米・英と交渉して無条件降伏をし、逆にドイツに宣戦を布告した。その後ムッソリーニはドイツ軍に救出され、北イタリア地域を中心に戦い続けたので、イタリアは内戦状態に陥った。

□ドイツと日本の敗退

一九四四年六月、連合軍は、ノルマンディー上陸作戦を決行した。これによって、ソ連が望んでいた第二戦線がつくられたことになる。

ノルマンディー上陸作戦の成功で、ドイツ軍は東西から追いつめられていった。そして八月、遂にパリが解放された。

東部戦線でもソ連軍が猛攻撃をはじめた。ソ連軍はソ連領からドイツ軍を一掃したあとで、さらにドイツ軍を追いながら東ヨーロッパに進出してこの地域に影響力を広め、大戦後に東ヨーロッパが社会主義圏になる基礎をつくった。

一九四五年二月、ソ連領クリミア半島のヤルタで、ルーズベルト、チャーチル、スターリンによってヤルタ会談が開かれた。ここで、降伏後のドイツを、米・英・仏・ソの四か国で分割占領して非武装化すること、ポーランド領土の変更、新政権の樹立方法、ドイツ降伏後三か月以内のソ連の対日参戦と南樺太・千島列島の領有、国際連合の創設などが取り決められた。

同年三月、連合軍が西からライン川を渡り、四月には東から進軍したソ連軍とエルベ川で合流した。その月の三〇日に追いつめられたヒトラーが自殺した。そして五月二日、首都ベルリンが陥落して、七日にドイツは無条件降伏をした。

一〇か月ほど遡るが、一九四四年七月、アメリカ軍はサイパン島を占領して、日本空襲の基地として整備し、長距離爆撃機B29による日本全土空襲が日常化されるようになった。その結果、東条英機内閣は退陣に追い込まれた。

アメリカ軍は、同年一二月にはレイテ島を占領し、翌四五年一月にはマニラを占領してフィリピンを日本から奪回した。そして、二月には硫黄島に上陸して占領した。

同年三月一〇日、アメリカ軍は、東京に無差別爆撃をした。一般の住居を中心にして、焼夷弾など二〇万個の爆弾を投下したこの東京大空襲によって、死者だけで約一〇万人の犠牲者が出た。

同年四月、アメリカ軍は、沖縄本島に上陸し、沖縄戦が開始された。この沖縄戦は、アメリカ軍による空襲、艦砲射撃に続いて、陸上での激しい戦闘が行われたため、日本軍六万人と住民一〇万人以上の死者が出たと言われている。沖縄戦での死者は、全住民の三分の一を超えるほどであった。

同年七月一七日から八月二日にかけて、ベルリン郊外のポツダムで、トルーマン（ルーズベルト死亡後に副大統領から昇格したアメリカ大統領）、チャーチルからアトリー（イギリスでは会談中に総選挙が行われ労働党が勝利してアトリーが首相に就任した）、スターリンが会談した。このポツダム会談では、ドイツの処理方法（非ナチ化、非武装化、連合国四か国による管理）や対日無条件降伏の条件などが決定された。そして、この会談中に、米・英・中（のちにソ連も参加）によりポツダム宣言が出されて、日本に無条件降伏が勧告された。ポツダム宣言の主な内容は、軍国主義の駆逐、領土の制限、民主主義の確立、戦争責任者の処罰、武装解除などであった。

ところで、ポツダム会談がはじまる前日の七月一六日に、ニューメキシコ州アラモゴードの砂漠で、世界初の原子爆弾の実験が行われた。その成功の結果は、ポツダム会談に臨むトルーマン大統領に暗号電報で伝えられた。そして会期中の七月二五日に、トルーマンは、日本への原爆投下命令を発し、翌二六日、日本に無条件降伏を求めるポツダム宣言を発表した。ポツダム宣言には原爆の存在や使用を暗示する言葉はなかった。すなわち、トルーマンは、アトリーやスターリンや蔣介石に原爆実験に成功したことや原爆投下命令を発したことを伝えずに、ポツダム宣言を発したことになる。アメリカは長引く戦争を終結させる手段として、原爆の使用の他に、①一九四五年一一月に予定していた日本本土上陸作戦、②ソ連への対日参戦の要請、③天皇制の存続を保証して降伏を促すこと、などの選択肢があった。しかし、アメリカは、ソ連の対日参戦の前に原爆投下をして戦争を終結することができれば、戦後にイニシアチブをとれると考えたのである。[2]これは第二次世界大戦後の冷戦につながる事実であり、戦争と和平の暗部を示す重要なエピソードである。

同年八月六日、広島に原子爆弾が投下され、死者だけでも約二〇万人が犠牲になった。

同月八日、ソ連が日ソ中立条約を一方的に破棄して対日宣戦を布告し、満州、朝鮮、南樺太、千島方面に侵攻して占領した。そして、降伏した日本軍人や民間人約六〇万人を長期間にわたって抑留し、厳寒の中で苛酷な労働を強いて多くの死者を出した。

同月九日、長崎に原爆が投下され、死者だけでも約七万人の犠牲者を出した。

そして同月一四日、日本はポツダム宣言を受け入れ、一五日の天皇のいわゆる玉音放送によって受諾を明らかにして無条件降伏をした。

この日本の降伏によって、多くの犠牲者を出した第二次世界大戦は終結した。

2　広島平和記念資料館における展示説明

第四節　第二次世界大戦後の世界

□国際連合とブレトンウッズ体制

終戦に先立って、ダンバートン・オークス会議が開催され（一九四四年八月〜一〇月）、国際連合憲章の草案がつくられた。

そして、一九四五年四月から六月にかけてサンフランシスコ会議が開かれ、草案に安全保障理事会の常任理事国（米・英・仏・ソ・中の五か国）に拒否権を与えるという条項が加えられて、国際連合憲章として採択され、終戦後の一〇月に国際連合（以下、「国連」という）が発足した（連合国を中心に五一か国が原加盟国となった）。この「拒否権」の功罪についてはさまざまな見解があるが、ロシアのウクライナ軍事侵攻で見るように、事実として国連の機能や運営の足枷となっていることは否定できない。

国連本部はニューヨークに置かれ、事務局長が中心となって運営される。主要機関は、総会と安全保障理事会であるが、その他にも経済社会理事会や国際司法裁判所などの機関がある。

専門機関としては、ユネスコ（UNESCO）、国際労働機関（ILO）、世界保健機関（WHO）があり、補助機関としては、世界貿易機関（WTO）などがある。

第二次世界大戦の惨禍を教訓にして、形のうえでは素晴らしい機構をつくったと言えるだろう。カントが提唱した国際機関が出現したと言えるのかもしれない。[1]

また、一九四四年七月には、米国北東部ニューハンプシャー州のブレトンウッズに、当時の連合国の代表たちが集まり、戦後の経済体制を決める会議が開かれた。この会議で、国際通貨基金（IMF）と国際復興開発銀行（IBRD、世界銀行）の設立と、金との交換制を復活させたドルを基軸とする国際通貨体制の再構築が決定された。こうして世界大恐慌、世界大戦と続いた混乱のために停止していた金本位制が復活した。この再建された国際通貨体制は、「ブレトンウッズ体制」と呼ばれることになった。[2]

ブレトンウッズ体制では、まずドルが金に対して平価を設定する。すなわち、米国は大不況期の一九三四年の金準備法で、「金一トロイオンス＝三五ドル」（一ドルの価値は〇・八八八六七一グラム）という平価をドルの価値として決めてあったので、それを使うことにした。そして次に、このドルに対して各国は交換比率（為替レート）を設定する。一度設定した為替レートは通常は動かさないことを原則としたので、ブレトンウッズ体制は固定相場制を採用したことになる。しかし、この平価でドルを金に交換できるのは、この体制に参加している国の通貨当局（通貨制度を管理している各国の政府と中央銀行）に限られた。[3]

このブレトンウッズ体制は、あっさりと崩壊した。

一九七一年八月一五日、ニクソン大統領はラジオとテレビを通じて演説を行い、ドルと金との交換を停止すると発表した。第二次世界大戦の打撃から回復した日本や西ドイツからの大幅な輸入超過に悩んでいた米国がドルの価値維持ができなくなったのである。

このニクソン・ショックを契機にドル売りが激化し、各国通貨当局は固定相場制を維持するのが困難になった。そこで同年一二月にスミソニアン会議が開催され、ドルの切り下げが決定されたが、この措置によってもドル売りの動きが鎮静化せず、七三年春には先進諸国が変動相場制に移行した。こうしてブレトンウッズ体制は実質的に崩壊し、国際通貨体制は変容したのである。[4]

1　カント著、宇都宮芳明訳『永遠平和のために』（岩波書店）三九頁〜四八頁
2　岩村充『貨幣進化論「成長なき時代」の通貨システム』（新潮社）一六七頁
3　同書一六八頁〜一六九頁
4　同書二〇七頁〜二〇八頁

□冷戦とその激化

二〇世紀後半の戦争史の中で最も特筆すべきことは、「冷戦」である。冷戦とは、世界が資本主義陣営（アメリカを中心とする西側）と社会主義陣営（ソ連を中心とする東側）とに分かれて、軍事衝突寸前にまで激化した対立である。この対立は、第三次世界大戦には至らないまでも、アメリカとソ連の代理戦争と言えるような戦争があちこちで勃発した。

まず、西側陣営を見ておこう。

一九四六年、イギリスのチャーチル前首相は、アメリカ旅行中に「鉄のカーテン演説」をした。この演説の中で、チャーチルは、「ソ連がシュテッティン（バルト海に面した港市）からトリエステ（アドリア海に面した港市）を結ぶラインに鉄のカーテンを降ろして、その東側に勢力圏をつくっている」とソ連を攻撃した。

トルーマン大統領は、一九四七年三月、「アメリカは、ソ連がギリシャ・トルコ方面で進めていた共産党勢力の拡大を、断固として阻止する」と宣言した。このトルーマン・ドクトリンの「封じ込め政策」は、事実上の冷戦の宣戦布告だと言えるものである。

そして、同年七月、アメリカのマーシャル国務長官は、アメリカの経済援助でヨーロッパの経済復興を助けるというマーシャル・プラン（ヨーロッパ経済援助計画）を発表した。これは、アメリカの経済力でヨーロッパの経済復興を助けて、ソ連の影響力を弱めることが狙いであった。

これに対して、東側陣営は、コミンフォルム（共産党情報局）やコメコン（経済相互援助会議）を結成して対抗した。

一九四七年九月に結成されたコミンフォルムは、ソ連と東欧に、西欧のフランス共産党、イタリア共産党を加えて、社会主義勢力の結束を強めるためにつくられたものだが、一九四八年にソ連に対して自立的な立場を守っていたティトーが指導するユーゴスラビアが除名され、一九四九年に東ドイツが加盟した。

また、コメコンは、一九四九年一月にマーシャル・プランに対抗して、東側陣営に経済協力を行うためにつくられたものであるが、ソ連は社会主義国を援助するよりも、ソ連に都合のよい経済関係を押しつけたので、メンバーからの反発を招いた。

東西両陣営の冷戦は激化した。

一九四八年二月、東ヨーロッパの中では唯一社会主義国になっていなかったチェコスロヴァキアで、共産党がクーデターを起こして社会主義国になった。この事件で衝撃を受けたイギリス、フランス、ベルギー、オランダ、ルクセンブルグは、西ヨーロッパ連合条約（ブリュッセル条約）を結び、これが翌年の北大西洋条約機構（NATO）という軍事同盟に発展した。

ドイツは、敗戦後の処理で、旧首都のベルリンが米・英・仏・ソの四か国に分割占領されていたが、一九四八年六月、米・英が新しい通貨（新ドイツマルク）を発行したことにソ連が激しく反発して、ソ連管理地区の中にある西ベルリンを封鎖し、電気とガスの供給を止めたうえ、鉄道、道路、運河を遮断した。これに対して、米・英・仏は、一年間に延べ約三〇万機の大型輸送機で、西ベルリンへ食料、燃料、医薬品などの生活物資を輸送した。

ソ連は、一九四九年五月にようやく封鎖を解除したが、このベルリン封鎖が決定的な原因になり、ドイツは二つに分裂して、東西両陣営は、その後それぞれの陣営で次々と軍事同盟を結びはじめた。なお、二つのドイツとは、西側管理地区に建てられた資本主義体制のドイツ連邦共和国（西ドイツ）と、ソ連管理地区に建てられた社会主義体制のドイツ民主共和国（東ドイツ）である。

西側陣営の主な軍事同盟は、一九四九年四月に結成された北大西洋条約機構（NATO）であるが、最初の加盟国は、米・英・仏・伊など一二か国であり、一九九一年のソ連崩壊後には東側諸国が次々に加盟して現在では三一か国になっている。この間の一九五四年に結ばれたパリ協定で、西ドイツの主権回復、再軍備が認められ、翌一九五五年に西ドイツはNATOに加盟した。

NATOの外の西側陣営の軍事同盟には、一九四八年の米州機構（OAS）、一九五一年の太平洋安全保障条約（ANZUS）、一九五三年の米韓相互防衛条約、一九五四年の米華相互防衛条約、東南アジア条約機構（SEATO）などがある。

東側陣営でも軍事同盟が結ばれた。

一九四九年九月、アメリカに四年遅れて、ソ連が核実験に成功した。そして、一九五〇年二月に中ソ友好同盟相互援助条約、一九五五年五月に東ヨーロッパ相互援助条約（ワルシャワ条約機構）を成立させた。ワルシャワ条約機構は、西側のNATOや西ドイツの再軍備に対抗して結成されたもので、ソ連、ポーランド、東ドイツ、チェコスロヴァキア、ハンガリー、ルーマニア、ブルガリア、アルバニアの八か国によって構成された。

この冷戦時代にあちこちで紛争や戦争が起こるが、ここでは朝鮮戦争とベトナム戦争だけを見ておこう。

第二次世界大戦の敗戦によって日本が朝鮮半島から撤退すると、北緯三八度線を境にして、北をソ連が、南をアメリカが分割占領した。そして一九四八年、社会主義体制の朝鮮民主主義人民共和国（北朝鮮）と資本主義体制の大韓民国（韓国）との二つに分裂して、それぞれが独立した。

一九五〇年六月、北朝鮮軍が突然南北の境界線（三八度線）を越えて南に侵攻を開始した。はじめは北朝鮮軍が瞬く間に半島南端の釜山近くまで迫ったが、そこで国連の安全保障理事会が開かれ（ソ連は欠席）、北朝鮮の行動を侵略と断定して、米軍を主体とする国連軍（総司令官マッカーサー）が韓国軍の支援のために出動した。そして国連軍は、仁川上陸作戦に成功して北朝鮮軍を追い返し、逆に中国国境付近まで追撃した。これに対して中華人民共和国が義勇軍を派遣して国連軍に反撃を加え、三八度線付近まで押し返した。

その後戦争は、一進一退の膠着状態に陥ったが、一九五三年に板門店で休戦協定が成立した。しかし、朝鮮半島の分断が固定され、今日まで厳しい軍事対立が続いている。すなわち、休戦協定はあくまでも停戦に過ぎず、朝鮮戦争はまだ正式には終わっていない。

また、日本の敗戦直後、ベトナム民主共和国の独立宣言が出されたが、これをフランスが認めず、フランスに亡命していた阮朝（一八〇二年～一九四五年）最後の国王だったバオ・ダイを主席に迎えてベトナム国（主としてベトナム南部を支配）を建て、植民地支配を続けようとした。しかし、一九五四年、フランスはディエンビエンフーの戦いで大敗し、ジュネーブ休戦協定によってインドシナから撤退した。この協定でベトナムは北緯一七度を境に分断され、北部は引き続きベトナム民主共和国（北ベトナム）が、南部は翌一九五五年にベトナム共和国（南ベトナム）が成立した。しかし、その後はフランスに代わって、アメリカがベトナム共和国に影響力を持ちはじめた。

アメリカから支持を受けたゴ・ディン・ジェム政権は腐敗が甚だしかったため、国民から強い批判を受けていたが、一九六〇年に南ベトナム解放民族戦線が政権打倒に立ちあがり、北ベトナムの支援を受けて内戦がはじまった。ジェム政権は一九六三年に軍部クーデターで倒されたが、その後も南ベトナムの政情は不安定が続いた。そこで、アメリカのジョンソン政権が本格的に軍事介入をはじめた。

一九六五年、米軍は北ベトナムに対して爆撃（北爆）を開始し、南ベトナムに大規模な地上軍を投入して、南ベトナム解放民族戦線と戦闘を繰り返した。

これに対し、北ベトナムと南ベトナム解放民族戦線は、高い戦意、中・ソの援助、世界的なベトナム反戦運動などに助けられて抵抗を続けた。

一九六八年になり、ジョンソン大統領は、ベトナム解放勢力の激しい攻撃を受けて、北爆の一部停止と和平交渉への参加に追い込まれ、パリ和平会談が開始された。そして、一九七三年、アメリカのニクソン大統領は、ベトナム（パリ）和平協定を結び、米軍をベトナムから撤退させた。その後の一九七五年に、南ベトナムの首都サイゴンが北ベトナム軍の攻撃で陥落し、ベトナム戦争はようやく終結した。その翌年には、北ベトナムが南ベトナムを併合し、ベトナム社会主義共和国として統一した。

□社会主義陣営の崩壊

一九五三年にスターリンが死亡し、それから四〇年近くを経て一九九一年一二月にソ連が解体された。その間に起こった出来事を列挙したうえで、社会主義陣営の解体の様相を見ておこう。

朝鮮戦争の休戦（一九五三年）ころから、東西間の対立が少しずつ弱まってきて、緊張緩和の兆しが見えはじめた。

一九五五年五月、米・英・仏・ソの四か国に分割占領されていたオーストリアが、四か国軍の同時撤退によって、永世中立国として独立を回復した。

同年七月～八月、米・英・仏・ソの四首脳によるジュネーブ四国巨頭会談が開催され、第二次世界大戦後はじめて直接会って話し合いをした。

一九五六年に開かれたソ連共産党第二〇回大会で、ソ連共産党第一書記のフルシチョフは、スターリン批判をし、平和共存政策を唱えた。そしてフルシチョフは、ソ連の指導者としてはじめて訪米して、アイゼンハワー大統領と会談し、平和共存の気運を盛りあげた。このフルシチョフのスターリン批判は、これまですべてソ連のやり方に従わされていた東ヨーロッパ諸国に自由化への期待を与え、ポーランドやハンガリーで暴動が起こった。

一九七〇年代になると、米ソの緊張緩和が進み、一九九〇年前後にソ連が消滅して、冷戦時代は終わった。ここでは、冷戦終結に直接関係したソ連の崩壊だけを見ておくことにしたい。

一九八五年、ソ連にゴルバチョフ政権が登場してから、冷戦は終局に向かった。ゴルバチョフは、ペレストロイカ（改革）やグラスノスチ（情報公開）という大胆な改革を進めた。ペレストロイカでは、社会主義経済の効率の悪さを改めるために市場経済を大幅にとり入れ、グラスノスチでは、これまで国民に隠していた情報を公開したり、政府への批判や思想・表現の自由を認めたりした。

これらが西側陣営からは高く評価され、東西の両陣営が急速に接近した。そして、何回かの米ソ首脳（レーガン、ゴルバチョフ）会談が開かれたのち、一九八七年の米ソ首脳会談で、中距離核戦力（INF）全廃条約が締結された。そしてついに、一九八九年一二月、米ソ首脳（父ブッシュ、ゴルバチョフ）のマルタ会談で、冷戦終結宣言が出された。

一九八九年一〇月、東ドイツで長らく共産党書記長だったホネカーが退陣し、翌月には、東西対決の象徴だったベルリンの壁が解放された。そして、一九九〇年一〇月、東西ドイツが統一されドイツ連邦共和国（ドイツ）になった。

一九九一年六月にコメコンが、同年七月にワルシャワ条約機構が解消された。しかし、NATOは解消されず今日に至っている。すなわち、冷戦時代の東側陣営の軍事同盟であったワルシャワ条約機構はなくなったが、西側陣営の軍事同盟のNATOは残ったことになる。プーチン大統領はこれに不満を持っているようである。

一九九一年一二月、ロシア・ウクライナ・ベラルーシなどの一一か国が独立国家共同体（CIS）をつくり、これによってソ連が解体し（以後「ソ連」と言わずに「ロシア」と言う）、社会主義陣営は崩壊した。

以上、第一次世界大戦からの歴史を大急ぎで振り返った。もとよりこれは、ロシアのウクライナ軍事侵攻の終結方法について手がかりになりそうなものだけをピックアップしたものであって、第一次世界大戦から今日までには、ここにあげなかった膨大な歴史がある。したがって、ピックアップしなかったものの中にも手がかりになる事象がたくさんあったが、とりあえずここにあげたものだけでも、いくつかの手がかりがあると思われる。

これらの戦争が引き起こしたさまざまな事象を頭に置きながら、戦争から和平への道を探し求めることにしたい。

第二章　ウクライナ戦争

第一節　ウクライナ戦争の勃発

□プーチン論文

これまでは、「ロシアのウクライナ軍事侵攻」という言葉も多く使用していたが、ここからは主として「ウクライナ戦争」と言うことにする。プーチン大統領が「特別軍事作戦」と言って「戦争」と言わない理由については後に述べるが、ウクライナ戦争の勃発について見逃すことができないのは、プーチンが二〇二一年七月一二日に発表した「ロシア人とウクライナ人の歴史的一体性について」という論文である。

この論文の中でプーチンは、ロシア人とウクライナ人（そしてベラルーシ人）は九世紀に興った古代ルーシの承継民族なのであって、そもそも分かちがたいものである、と主張している。

ロシア、ウクライナ、ベラルーシが民族的・言語的に多くの共通性を持っていることは否定できない事実であるが。

またプーチンは、この論文の中で、「ウクライナ」という言葉は一二世紀にルーシの「辺境」を指して使われるようになったものであり、「ウクライナ人」とは「その辺境を守る防人」を意味する言葉であったと言う。そして、ウクライナ語の書き言葉は一七世紀初めまでは当時のロシア語とまったく同じであり、話し言葉は少々違ったがそう大きく異なった言語ではなかった、一九世紀のロシア帝国はウクライナ語を制限したが、これはポーランド人の影響を退けるためのやむを得ない措置であって、帝国内部では「大ロシア」の枠組みでルーシ諸民族の文化は順調に発展した、しかし、このころからポーランドの影響で、ウクライナ人はロシア人とは別の民族だという「歴史的根拠のない、フィクションに基づいた結論」が出された、とプーチンは続ける。[1]

一九一七年のロシア革命を経て一九二二年にソ連が成立すると、共産主義政権は民族別共和国制度を導入し、ウクライナやベラルーシをロシアと対等のソ連構成共和国として位置づけたが、プーチンによると、この制度は大間違いであった。ウクライナやベラルーシが別の存在であるとされたことにより、その地に暮らす人々はウクライナ化やベラルーシ化を強要され、ロシアを含めたルーシの「三位一体」が破壊されたからであり、それ故に現在のウクライナは「ソ連の発明品」に過ぎないと言うのである。

このようにしてみると、プーチンは、ウクライナの独立という事態を一種の「政治的手違い」と見ているようである。プーチンによれば、そもそもウクライナを民族共和国化したこと自体がレーニンの「時限爆弾」なのであり、それはウクライナとロシア（そしてベラルーシ）の人々が「歴史的な故郷から全く切り離されてしまう」という事態をもたらした。

そしてプーチンは、西側に支援されたクーデターで政権を握った過激主義者とネオナチ（とプーチンが位置づけるウクライナ政府）は歴史を改竄してロシアとのつながりを断ち切ろうとし、富を西側に横流しし、ロシアとの経済協力を縮小させようとしてきた、また彼らはロシアへの嫌悪を煽り、ウクライナ国内のロシア系住民を弾圧し、強制的にウクライナに同化させようとしていると言うのである。

さらにプーチンによれば、ウクライナには外国の軍事顧問団が派遣され、事実上ＮＡ

TOの前哨拠点となっている、ゼレンスキーもまた、平和を約束して大統領に就任したが、すべては嘘だった、ウクライナをロシアと対立させ続けることが西側の基本路線なのであって、幾度政権が変わってもウクライナが西側の影響下にある限りは、それだけは変わらないのだと言う。

そしてプーチンは、「ウクライナの真の主権は、ロシアとのパートナーシップによってのみ可能である」と結論づけ、「つまるところ我々は一つの民族なのだ」と言う。「パートナーシップ」の意味するところは明確にされていないが、ウクライナのアイデンティティを否定していると受け取られても仕方ないだろう。[2]

この論文の中で主張されている歴史が、事実として正しいかどうかはともかくとして、プーチンがこのような思想を持っていることは確かだろう。プーチンがその思想を実現するためにウクライナ戦争を起こしたのか、あるいはウクライナ戦争を正当化するための口実であるのか、それは定かではないが、いずれにしてもこの論文は、ウクライナ戦争に重要な位置を占めていると思われる。

1　小泉悠『ウクライナ戦争』（筑摩書房）六六頁〜六八頁
2　同書六九頁〜七二頁

□ウクライナ戦争前夜

二〇二一年一一月半ば、ウクライナ国防省情報総局（GUR）は、ウクライナ国境付近のロシア軍が一〇万人に迫りつつあると発表し、軍事的危機が高まった。[3]

二〇二二年に入ると、ウクライナ国境のロシア軍の規模は増加し、二月中旬には、ウクライナ周辺に集結したロシア軍の兵力はおおよそ一五万人に達し、治安部隊や親露派武装勢力も合わせると一六万九〇〇〇人から一九万人程度であったというから、ロシア軍はすでに侵攻準備を完了していた可能性が非常に高い。[4]

しかし、プーチン大統領は、同月一四日、ラブロフ外相とショイグ国防相と会談し、ラブロフは、「NATO不拡大などに関するロシアの提案に対し、西側がよこしてきた返答は全く不満足である」としながらも、「軍備管理などに関しては米国からみるべき提案があった」「チャンスはまだ尽きておらず、今は対話を続けるべきだ」と発言し、これに対してプーチンは「ハラショー（いいだろう）」と返答した。

また、ショイグは、ウクライナ周辺にロシア軍が集結しているのは前年一二月から計画されていた演習なのであって、「その一部はすでに終了しつつあり、また別の一部は近いうちに終了する」と述べたが、これに対してもプーチンは「ハラショー」と答えた。

ラブロフの交渉継続路線に対する賛意、ショイグの言うロシア軍の撤退、ゼレンスキーがショルツに約束したという第二次ミンスク合意履行への動き、親露派武装勢力の国家承認に関する保留は、プーチンの目的が軍事的圧力で政治的合意を強要するものだと思われるところがあった。[5]

なお、第二次ミンスク合意とは、二〇一五年二月に結ばれた紛争解決のロードマップであり、大きく分けて、①治安項目（前線での戦闘停止や重火器の撤去、外国部隊〈ロシア軍やロシアの送り込んだ武装勢力〉の撤収など）と、②政治項目（ウクライナ側が憲法を改正してドンバスに「特別の地位」を認めること、現地で住民投票を行うことなど）からなるが、この合意の履行順序についてロシア側とウクライナ側との間に理解の相違があって履行には至っていない。[6]

ドイツのショルツ首相は二〇二二年二月一五日にモスクワを訪問しプーチン大統領と会談しているが、その直前にキーウでゼレンスキー大統領と会談し、「第二次ミンスク合意の履行に必要な憲法改正などの立法措置を三者コンタクトグループで話し合う」という言質を取ってきていた。[7]

しかしアメリカのバイデン大統領は、ロシアの侵攻がジェット戦闘機、戦車、弾道ミサイル、サイバー攻撃を幅広く組み合わせたものとなる可能性があり、目的は「ウクライナ指導部の無力化」つまり政権崩壊だとまで述べていた。

さらに二月一九日、ロシア軍は大陸間弾道ミサイル（ICBM）などを動員した戦略核部隊の大演習を開始した。ロシア軍の軍事思想においては、自国の軍事力行使を西側に邪魔させないために核兵器を使うという考え方が以前からあり、ここには実際の核使用から演習の脅しまでが幅広く含まれている。とすれば、ロシア軍はこのとき、核の脅しを西側に対してかけつつ、ウクライナへの侵略準備を整えていたことになる。

二月二一日、国家安全保障会議の拡大会合を開催したプーチンは、ウクライナ東部の自称「ドネツク人民共和国」と「ルガンスク人民共和国」を正式に国家として承認することを決定した。これは、ロシアが第二次ミンスク合意に基づく紛争解決を完全に放棄したことを意味していた。[8]

こうして、ウクライナ戦争に突入する準備は整った。

3　前出『ウクライナ戦争』五九頁
4　同書七四頁〜七五頁
5　同書八七頁〜九〇頁
6　同書四五頁
7　同書八八頁
8　同書九二頁〜九三頁

□プーチンの開戦理由

プーチン大統領は、開戦の直前に、二つのビデオ演説を公開している。一つは二〇二二年二月二一日の国家安全保障会議拡大会合でドネツクとルガンスクの国家承認を決定したあとに公開されたものであり、もう一つは開戦当日の同月二四日に公開されたものである。これをまとめると次のようになる。


▫現在のウクライナはソ連時代に人工的に作られたものである。

▫ロシアはソ連崩壊後にウクライナを独立国家として承認したが、現在のウクライナ政府は西側の手先に成り下がっている。

▫彼らは非常に腐敗している上にネオナチ思想に毒されており、ロシア系住民のアイデンティティを否定して強制的にウクライナに同化しようとしている。

▫ウクライナ政府にはミンスク合意を履行する意思はなく、砲撃やドローン攻撃でウクライナ東部の人々を虐殺しようとしている。ロシアは彼らを守る義務がある。

▫ウクライナは核兵器を開発しようとしており、ロシアにとってだけでなく、国際社会にとっても脅威である。

▫NATOは訓練基地の名目でウクライナに軍事プレゼンスを展開しようとしている。

▫ＮＡＴＯはかつて東方拡大をしないと約束したがこれは結局嘘であり、ウクライナの加盟の可能性も依然として残っている。

▫ウクライナには米国のミサイルが配備される可能性があり、巡航ミサイルなら三五分、極超音速ミサイルなら四、五分でモスクワに到達してしまう。

▫以上を踏まえて、ロシアはウクライナに対する「特別軍事作戦」を開始する。その目的はウクライナの非軍事化、非ナチ化、そしてロシア系住民の虐殺の阻止である。


ここで「非軍事化」と「非ナチ化」を持ち出したことは、ウクライナを国家として武装解除させ、ゼレンスキー政権を退陣させることと解釈できる。[9]

しかし、プーチンの言う「ウクライナはネオナチ思想に毒されている」といった主張には客観的な根拠はなく、ＮＡＴＯ拡大が差し迫っていたわけでも、ロシアの安全が顕著に脅かされていたわけでもない。したがって、より民族主義的な「プーチンの野望」ともいったものを仮定しないことにはロシアの戦争動機には説明がつかないのではないか。[10]

ということは、プーチンがここで語るものの外に理由があるということになるだろう。[11]

9 前出『ウクライナ戦争』一〇〇頁～一〇二頁

10 同書二二頁。なお、プーチンのアイデンティティ政治の思想的基礎については、井上達夫『ウクライナ戦争と向き合う――プーチンという「悪夢」の実相と教訓』（信山社）九八頁～一〇一頁

11 自己保身主因論については、同書一〇八頁～一一二頁

□戦闘の開始

二〇二二年二月二四日午前五時、遂に戦争がはじまった。

開戦と同時に、ロシア軍はウクライナの北部、東部、南部へと侵攻し、これに併せてウクライナ各地の軍事施設が弾道ミサイルや巡航ミサイルの攻撃を受けた。また、ロシアのサイバー部隊は、それ以前から続いていた政府機関や企業に対するDDoS（分散型サービス拒否）攻撃に加えて「ワイパー」と呼ばれる破壊的なマルウェアを使った攻撃を展開し、衛星通信網などのインフラを機能不全に陥れようとした。

さらにロシア軍は、キーウからわずか三〇キロメートルにあるアントノウ空港に空挺部隊を送り込み、空港を占領して特別任務（スペツナズ）旅団を降ろして、このスペツナズ旅団がキーウの議会と官庁を占領して臨時議会を招集させ傀儡政権を樹立することを目論んだ。すなわち、ロシア軍が目指していたのは、ゼレンスキー大統領以下を電撃的に排除して政府を瓦解させてしまう、いわゆる「斬首作戦」であったことになる。[12]

しかし、アントノウ空港を占拠しようとしたロシアの空挺部隊は、ウクライナのスペツナズ部隊（特別任務部隊）や内務省国家親衛軍の激しい抵抗を受けた。一度はロシア軍が空港占拠に成功したものの、夜にはウクライナ軍に取り戻された。これに対してロシア軍は、二〇〇機のヘリコプターで第二派を送り込んで最終的に空港を確保したが、ウクライナ側は砲爆撃や戦闘爆撃で滑走路を破壊し、後続の輸送機部隊が着陸できないようにしてしまった。この時点でロシア軍の「斬首作戦」は失敗に終わったのである。[13]

ところで、プーチンは、この戦争を「戦争」と言わずに「特別軍事作戦」と言っている。この「特別軍事作戦」の意味であるが、プーチンの思惑は、アントノウ空港を拠点とする「斬首作戦」でゼレンスキー指導部を排除し、ロシア軍が電撃的にウクライナを占領してしまうということであるから、「軍隊は投入させるが、激しい戦闘を伴わない軍事作戦」というものではないかと考えられる。[14]

しかし、「斬首作戦」の失敗後もプーチンは「特別軍事作戦」という言葉を使っているのであるから、それだけではないのではないかと思われる。

もともと「戦争」と「特別軍事作戦」との違いは、宣戦布告をするかしないかの違いだけであって、実質的には相違はない。日中戦争をシナ事変と言うようなものである。それなのになぜ「戦争」と言わずに「特別軍事作戦」と言うのだろうか。

それはおそらくウクライナはロシアと同格ではなく、国際法上の戦争ではないという理由で国際社会からの干渉を排除したいと思っているのではないだろうか。日中戦争をシナ事変と呼んだ当時の日本の軍部と共通していると考えられる。

なお、この本は、主として国と国の戦争を扱うが、武力を用いて他国を侵攻することを戦争とみなすので、プーチンの言う「特別軍事作戦」もまた「戦争」に他ならない。

12　前出『ウクライナ戦争』一〇二頁〜一〇三頁

13 同書一一〇頁～一一一頁
14 同書一〇七頁

□ウクライナ戦争の情勢と戦況

ここから先は、ウクライナ戦争の情勢と戦況を時系列的に追うことにする。ウクライナ戦争の情勢と戦況については、逐次報道され、いわば公知の事実であるから、逐一出典を明示しない。[15]

二〇二二年二月二四日、プーチン大統領が軍の特別軍事作戦を表明。ロシア軍侵攻開始。ロシア軍がチェルノブイリ原発を占拠。

二月二五日、国連安保理事会が非難決議を採択し、賛成一一、中・印・UAE（アラブ首長国連邦）は棄権。ロシアが拒否権を行使して否決。

二月二六日、米欧がロシアの主要金融機関をSWIFT（国際銀行間通信協会）から排除する制裁を発表。

二月二八日、ベラルーシのブレストにて一回目のロシア・ウクライナ停戦協議。

ウクライナがEU加盟を正式申請。

三月一日、ロシア軍がキーウのテレビ塔攻撃、ハルキウでも攻撃。

プーチン大統領が作戦目標はドンバス住民の保護とウクライナによるドンバス独立とクリミア半島のロシアの主権承認にあるとして、ウクライナの非軍事化・非ナチ化を強調。

バイデン大統領が一般教書の中でロシアによるウクライナ侵攻を強く非難。

三月二日、国連緊急特別総会で、ロシア軍の即時撤退などを求める決議を一四一か国の賛成で採択。ロシア・ベラルーシ・シリア・北朝鮮・エリトリアが反対。中・印など三五か国が棄権。

三月三日、二回目の停戦協議（ベラルーシ・ブレスト）。

ウクライナ避難民が一〇〇万人を突破。

三月四日、ロシア軍がザポリージャ原発を攻撃・制圧。

三月六日、ロシアがハルキウの核関連施設（物理技術研究所）をロケット攻撃。

ロシアでウクライナ侵攻に抗議するデモが広がり、五一八〇人拘束。侵攻以降の拘束者は合計一万三五〇〇人以上。

三月七日、三回目の停戦協議（ベラルーシ・ブレスト）。

三月八日、米国がロシア産原油・LNG輸入禁止。

三月九日、ロシア軍によるマリウポリ無差別攻撃。ロシア軍がチェルノブイリ原発で外部からの電源を遮断。

三月一〇日、トルコの仲介で、ロシア外相とウクライナ外相とが対話。

三月一三日、ロシア軍が西部ヤポリウの軍事施設を攻撃。

三月一四日、四回目の停戦協議（オンライン）。

三月一五日、ロシア軍がヘルソン州を制圧したと発表。

三月一六日、ロシア軍がマリウポリの劇場を空爆、約三〇〇人が死亡。

ICJ（国際司法裁判所）がロシアにウクライナ侵略を止めるよう命令。

三月二〇日、ウクライナの国外・国内避難民が一〇〇〇万人以上。

三月二四日、NATO緊急首脳会議で、防衛投資を加速し、あらゆる攻撃に抵抗する各国との集団能力強化を約束。

三月二五日、ロシアの第一段階作戦は終了。これ以降、ロシア国防省は侵攻作戦の重心をドンバス地域に移す方針を表明。

三月二九日、五回目の停戦協議（トルコ・イスタンブール）。この停戦協議におけるウクライナ側の要求とそれに対するロシア側の回答については、後に詳しく述べる。

カービー米国防省報道官は、ロシア軍がキーウから移動しているのは、撤退ではなく再配備であると表明。ロシア国防相は、キーウ近郊の部隊縮小とともに東部ドンバス地域の「解放」に戦力を集中していると表明。

三月三一日、ロシア軍がチェルノブイリ原発から撤収したとＩＡＥＡ（国際原子力機関）が公表。

四月二日、ウクライナ国防相がキーウ全域の奪還を公表。

四月三日、ウクライナ検察がキーウ近郊ブチャなどで民間人四一〇人以上の遺体を発見したと公表。

四月七日、国連総会緊急特別会合で国連人権理事会におけるロシアの理事国資格を停止する決議を採択。

四月八日、ロシア軍がドネツク州クラマトルスク駅に短距離弾道ミサイル「SS・21」を発射。五〇人以上が死亡。

ウクライナ参謀本部はロシア兵一万八四〇〇人を殺害したと発表。

米国防省はウクライナ国内のロシア軍は八〇個BTG（大隊戦術グループ）と指摘。

四月一二日、プーチン大統領が「ウクライナがブチャの惨劇という虚偽を作り上げた結果、和平交渉は完全に終わった」とし、交渉の終結を宣言。

プーチン大統領はウクライナ侵攻について最初に設定した目的が完全に達成されるまで作戦は継続されると発表。

四月一三日、ウクライナ軍は国産地対艦ミサイル「ネプチューン」によりロシア黒海艦隊旗艦のスラヴァ級巡洋艦「モスクワ」を攻撃。

四月一四日、ロシア国防省が黒海艦隊旗艦「モスクワ」の沈没を発表。

四月一五日、マリウポリ市長が「約四万人を連れ去った」とロシア軍を非難。

四月一七日、ロシア軍がマリウポリを守っているウクライナ軍に投降を要求。

四月二一日、プーチン大統領はロシア軍がマリウポリを完全掌握したというショイグ国防相からの報告を受け、同市の解放作戦は成功したと強調。

四月二二日、ロシアのミンネカエフ中央軍管区副司令官がロシア軍第二段階作戦の目標はドンバス及びウクライナ南部を完全に掌握してクリミアに至る陸上回廊を確保し、ウクライナの海上貿易へのアクセスを遮断し、モルドバの沿ドニエストル地域との連絡を図ることにあると発言。

四月二六日、グテーレス国連事務総長とプーチン大統領がモスクワで会談。グテーレス事務総長は「他国の領土の一体性を侵害する行為は国連憲章に全く合致しない」と発言し、プーチン大統領は「ロシアは民族救済を目的とした作戦を行う国連憲章上の権利を有する」と強調。

四月二七日、プーチン大統領がサンクトペテルブルクで演説し、核戦力を念頭に米欧を威嚇。

四月二八日、グテーレス国連事務総長とゼレンスキー大統領が会談（キーウ）。

その直後、ロシアとウクライナの合意により人道回廊が新たに作られ、数百人の民間人が無事に退避。

五月三日、ゼレンスキー大統領が自国領からのロシア軍撤退まで戦闘継続の考えを表明。

五月四日、ロシア軍が核搭載可能な弾道ミサイル「イスカンデル」の模擬発射演習を実施したと発表。

欧州委員会がロシア産石油の輸入禁止を加盟国に提案。

五月六日、ウクライナ軍がハルキウ郊外の集落を奪還したと発表。

五月九日、プーチン大統領が対独戦争記念日の軍事パレードで演説し、ウクライナ侵攻を正当化。

五月一二日、ウクライナ軍はドネツ川を渡河中のロシア部隊を攻撃し、少なくとも一個BTGを撃破。

国連人権理事会がキーウ近郊で起きた民間人殺害の調査などを盛り込んだ決議を賛成多数で採択。

五月一四日、ロシア軍は多連装ロケットからクラスター弾を発射し、マリウポリのアゾフスターリ製鉄所を攻撃。

五月一五日、フィンランド・スウェーデンがＮＡＴＯ加盟申請を発表。

五月一六日、アゾフスターリ製鉄所を拠点にしていたウクライナ側が退避・投降開始。

五月二〇日、ロシア国防省がマリウポリ制圧を発表。アゾフスターリ製鉄所内のウクライナ軍など二四三九人が投降。

五月二五日、プーチン大統領がヘルソン、ザポリージャの住民のロシア国籍取得手続きを簡素化する大統領令に署名。

米国防省が、米英とEUはウクライナ当局によるロシア軍の戦争犯罪捜査を支援する新組織を設立した旨を発表。

五月二六日、ロシア軍はウクライナ国内に一一〇個BTGを投入。

五月二七日、ロシア国防省は二七日以降、ウクライナ黒海から外国船舶が出航するための人道回廊を設定すると発表。

五月二八日、プーチン大統領が志願兵の年齢制限を撤廃する法案に署名。

五月三〇日、ウクライナ参謀本部はロシア軍がハルキウ北部および北東部を砲撃したと発表。

EUが海路からのロシア産石油の輸入禁止を含む対ロ追加制裁に合意。

五月三一日、ウクライナのベネディクトワ検事総長がロシアの戦争犯罪の容疑者として軍幹部、政治家らを含む六〇〇人以上を特定し、約八〇人の訴追手続きを開始したと発表。

六月四日、ウクライナ軍はロシア軍がミコライフ州の黒海沿岸地域をミサイルで攻撃したと公表。

六月六日、ウクライナ内務次官が国内の死傷者数が四万人以上になったと公表。

六月九日、プーチン大統領が「領土を奪還し強固にすることは我々の任務」と発言。東部・南部での制圧地域でロシア化が進展。

六月一〇日、ウクライナ軍参謀本部はロシア軍がスムイ州、ハルキウ州、ルハンスク州に三〇個BTGを投入していると発表。

六月一二日、ウクライナ軍司令官はロシア軍がセベロドネツク（ルハンスク州の要衝都市）に七個BTGを投入していると発表。

六月一三日、ロシア軍がセベロドネツクと隣接するリシチャンスクを結ぶ三本のすべての橋を破壊したと発表。

六月一五日、ウクライナ軍が東部戦線でウクライナ軍死傷者が一日当たり最大一〇〇〇人になっている旨公表。

米政府は一〇億ドル相当の追加軍事支援を発表。

六月一六日、マクロン（仏）・ショルツ（独）・ドラギ（伊）の政治リーダーがキーウを訪問し、ゼレンスキー大統領と会談。

六月二一日、プーチン大統領はICBM「サルマト」を年内に実施配備する計画を公表。

六月二三日、BRICS閣僚会議（オンライン）で、プーチン大統領は「世界経済の危機的な状況は米欧などの思慮に欠けた利己的な行動によって引き起こされた」と発言し、習近平国家主席は「冷戦思考を捨てなければならない。一方的な制裁の乱用に反対する」と表明。

六月二五日、ウクライナ空軍はロシア軍がウクライナ各地に大規模ミサイル攻撃を行ったと発表。

ウクライナ側はロシア軍がハルキウ物理技術研究所を砲撃し、未臨界実験設備を破壊したと発表。

ロシア国防省はセベロドネツクの制圧を発表。

六月二九日、NATO首脳会議（スペイン・マドリード）。NATO新戦略を発表。米国は欧州における米軍戦力の強化策を公表。

六月三〇日、ウクライナのザルージヌイ軍司令官はロシア軍がズメイヌイ島から撤退した旨公表。

七月一日、米国がNASAMS（中高度防空ミサイル・システム）二基の供与を公表。

七月三日、ロシアのショイグ国防相がリシチャンスクを含むルハンスク州を制圧した旨をプーチン大統領に報告。

七月四日、ウクライナ参謀本部もリシチャンスクからの撤退を発表。

七月五日、ロシア側はヘルソン州で新ロシア勢力が一方的に設置した「州政府」が業務を開始した旨発表。

NATO加盟国はフィンランド・スウェーデンの加盟を承認する議定書に署名。

七月六日、ドネツク州北部のスラビャンスク、クラマルトルクを中心に攻防戦。

七月七日、ロシアがズメイヌイ島を放棄したためウクライナ側が奪還。

G20外相会合。ウクライナ侵攻後初めて米ロ外相が対面で行われ、双方が非難。

七月八日、米国がＨＩＭＡＲＳ（車両に搭載するロケット発射システム）四基追加支援（合計一二基）。国防省はこれらを含むウクライナへの軍事支援が最大四億ドルと発表。

七月九日、米国防省はウクライナに三億六八〇〇万ドルの追加経済支援を発表。

七月一〇日、ウクライナ軍国防相は南部ヘルソン、ザポリージャ州の奪還作戦を開始したと公表。

七月一一日、ウクライナ軍はヘルソン州奪還に向けロシア軍の後方支援基地の攻撃開始を発表。

ロシアが「ノルドストリーム」（欧州のバルト海の下をロシアからドイツまで走る海底天然ガス・パイプラインのシステム）でドイツに供給される天然ガスを停止。

七月一二日、ウクライナ軍はヘルソン州のロシア軍弾薬等集積所を攻撃し、南部における反転攻勢に言及。

七月一五日、ウクライナ軍はＨＩＭＡＲＳでロシア軍弾薬庫など三〇か所以上を破壊したと公表。

七月一六日、ウクライナのアレストヴィチ大統領府長官が「ケルチ橋（クリミア大橋）はウクライナ領海に不法に建設されたものでロシア領を攻撃しないとの合意の対象外」と表明。

七月一七日、ロシアのメドベージェフ安全保障会議副議長は「ウクライナがクリミア大橋を攻撃する場合はウクライナ政府にとって審判の日になる」と発言。

ゼレンスキー大統領はロシア軍が巡航ミサイル三〇〇〇発を使用したと発言。

七月一八日、ロシア軍がザポリージャ原発に侵入し、兵士が負傷。

七月二〇日、ロシアのラブロフ外相は特殊軍事作戦の対象地域を南部ヘルソン・ザポリージャ両州制圧に拡大したと発言。

米国がＨＩＭＡＲＳ（四基）、戦術無人機「フェニックス・ゴースト」（五八〇機）などの追加支援決定（ＨＩＭＡＲＳはこれまでの一二基と合わせて合計一六基）。

七月二二日、ロシア・ウクライナ・トルコ・国連でオデッサ港から輸出再開。航行の共同監視などについて合意文書署名。

七月二三日、ロシア軍はオデッサ港のインフラ施設にロシアの巡航ミサイル「カリブル」を二発発射。

七月二六日、ゼレンスキー大統領はビデオ演説でロシア軍の戦死者が四万人に上っていると指摘。

八月五日、ロシア軍によるザポリージャ原発攻勢が始まる。

八月八日、黒海のウクライナ穀物輸出貨物船第一便がトルコに到着。

八月九日、クリミアのサキ軍用飛行場で爆発。

八月一六日、クリミアのジャンコイ郊外の弾薬保管場所で爆発。

八月一七日、ロシアがサキ飛行場から戦闘機、ヘリを撤収したとウクライナ側がSNSに投稿。

八月一八日、クリミアのベルベック軍用飛行場およびクリミア大橋付近で爆発。

八月二〇日、ロシアの黒海艦隊司令部（セバストポリ）に対するドローン攻撃。

八月二三日、クリミア半島の返還を議論する国際会議が開催され、ゼレンスキー大統領はその冒頭演説で、「クリミア半島の脱占領が最大の反戦の一歩であり、世界の法と秩序の再構築に向けた一助になる」と強調。

八月二四日、ゼレンスキー大統領が安保理事会緊急会合にオンライン出席しザポリージャ原発を早期にIAEA（国際原子力機関）の管理下に置くよう要請。

米政府はウクライナへの武器等支援として九・八億ドルの追加を発表。

八月二五日、プーチン大統領はロシア軍の定員を一三万七〇〇〇人増やして一一五万人とする大統領令に署名。

九月二〇日、プーチン大統領はウクライナ侵攻をめぐり部分的動員令（三〇万人を対象）に署名したことを表明。

九月二一日、プーチン大統領はウクライナの東・南部四州でロシアへの編入を問う住民投票を九月二三日から実施すると発表。

九月三〇日、ロシアがウクライナ四州の併合を宣言。これを受け、ゼレンスキー大統領が再びNATOへの加盟を申請すると発表。

一〇月八日、クリミア大橋爆破。

一〇月一〇日、ロシア軍は報復措置としてキーウやエネルギー関連施設を含めウクライナ全土に大規模なミサイル攻撃を実施。

ベラルーシはロシアとの合同部隊の編成を表明。

一〇月一二日、国連総会でロシアのウクライナ四州の併合に対する非難決議を一四三か国の賛成で可決。反対は、ロシア・ベラルーシ・北朝鮮・シリア・ニカラグアの五か国。中・印など三五か国が棄権。

一〇月一七日、NATOは核抑止に焦点を当てた年次演習「ステッドファスト・ヌーン」を開始。

一〇月二〇日、ロシアはウクライナの東・南部四州に戒厳令を発動し戦時体制に移行。

二〇二三年三月一七日、中国外務省は習近平国家主席が二〇日から二二日までプーチン大統領の招きに応じてロシアを公式訪問すると発表。

国際刑事裁判所（ICC）がウクライナから子どもを連れ去った疑いでプーチン大統領に逮捕状を発行。

三月二〇日、習近平のモスクワ訪問。

三月二三日、イギリスがウクライナに劣化ウラン弾を提供することを決定。

三月二五日、ロシア、ベラルーシと戦術核配備に合意。

三月二七日、ドイツがウクライナに戦車「レオパルト2」を一八両引き渡し。

三月二八日、アメリカ国家安全保障会議（NSC）の戦略広報調整官は、新戦略兵器削減条約（新START）で義務づけられているロシアへの戦略核兵器に関する情報提供を停止すると表明。これはロシアが二月に条約の履行義務を停止したことへの対抗措置であるとしているが、新STARTは米ロ間に残された唯一の核軍縮の枠組みであって、射程の長いミサイルや核弾頭などの数量を制限するほか、相互の現地視察や配備された核弾頭数など包括的なデータを半年ごとに交換することを定めている条約であり、この停止によって戦略核兵器に関する透明性が失われ、核大国間の緊張が高まる恐れがある。

15　二〇二二年一〇月二〇日までは、主として森本敏、秋田浩之編著『ウクライナ戦争と激変する国際秩序』（並木書房）の「資料　ウクライナ軍事侵攻関連年譜」（三八五頁〜四〇六頁）によるが、同日以降は、朝日新聞、毎日新聞の報道による。

第二節　和平への模索

□和平交渉の開始

ウクライナ戦争の情勢と戦況を時系列的に整理してみると、戦闘と恐喝と罵倒の繰り返しばかりのように見えるが、それでもその中に和平への模索が散見される。そこで、和平法則を発見するという この書物の目的に沿って、和平の試みを追うことにしたい。

ロシアのウクライナ軍事侵攻がはじまった二〇二二年二月二四日以降、比較的早くウクライナとロシアの間で和平交渉が開始された。当初はロシア側もウクライナのゼレンスキー大統領も「交渉によって早期に戦争を終結させる」ことに、前向きな姿勢を示していた。ゼレンスキー大統領は「戦争は交渉によってしか終結しない。自分はいつでもプーチン大統領との直接会談に臨む用意がある」とメディアを通じて繰り返し述べていた。

軍事侵攻開始のわずか四日後の二月二八日、両国の隣国ベラルーシのブレストで、ロシアとウクライナの交渉団の第一回交渉がはじまり、ウクライナ側は、即時停戦とロシア軍の撤退を求めた。その後、三月三日（第二回）、三月七日（第三回）にもブレストで交渉が行われたが、そのあとからトルコが本格的な調停に乗り出し、三月一〇日には、場所をトルコに移して、トルコのチャブシオール外相の仲介のもとで、ロシアのラブロフ外相とウクライナのクレバ外相が侵攻後はじめての対話をした。

そして、三月一四日のオンラインによる交渉（第四回）で「一五項目におよぶ和平合意案」が協議された。その一五項目の中には、ロシア軍が侵攻をはじめたラインまで撤退し戦闘を停止する、ウクライナはＮＡＴＯに加盟せず他国の軍隊の駐留も認めない、ＮＡＴＯに代わる新たな安全保障の枠組みをつくる、クリミア半島の帰属と東部のドンバス地域の一部の扱いについては別途協議する、というウクライナ側の提案が含まれていた。

ロシア側の交渉メンバーの一人は、ファイナンシャル・タイムズ紙に対し匿名で「双方ともに「勝利した」と国民に言える必要がある。この提案なら、プーチン氏は「我々はウクライナがＮＡＴＯに入ることを阻止し、ウクライナに外国の基地やミサイルが配備されるのを止めたかった。その目的は達成できた」と言うことができる」と話し、ウクライナ側の提案を高く評価した。[1]

1　東大作『ウクライナ戦争をどう終わらせるか――「和平調停」の限界と可能性』（岩波書店）四九頁〜五一頁

□停戦協議の内容

ロシア軍がキーウ周辺から撤退しつつあった三月二九日、トルコのイスタンブールで、五回目の停戦交渉が開始された。この交渉では、停戦の実現に向けたより現実的な条件がウクライナ側から提出された。この際に議題になったのは、次の点である。

- 米国、中国、英国、トルコ、ドイツ、フランス、カナダ、イタリア、ポーランド、イスラエルを含む諸外国がウクライナに対して法的拘束力のある安全の保障を与える。

これらの国々は北大西洋条約第五条と同様、ウクライナに侵略が発生した場合には七二時間以内に協議を行い、軍隊の派遣、武器の提供、飛行禁止区域の設定といった措置をとる。

- ただし、この保障は親露派武装勢力の支配地域とロシアが強制併合したクリミア半島には適用されない。
- クリミア半島については一五年間かけてその地位を話し合う。
- 親露派武装勢力の支配地域については別の対話枠組みを設ける。
- 以上と引き換えに、ウクライナは中立と非核を約束し、外国軍の基地も置かせない。
- ただし、EU加盟を含めた軍事・政治同盟への加盟は否定されない。EUへの加盟も否定されない。
- ウクライナで軍事演習を行う場合には全ての保障国の合意を得る。

以上の条件は、軍事同盟との違いや「中立」の内容が曖昧である等の問題があるが、重要なのは、ロシア側がこれを一概に否定せず、交渉団を率いるウラジミール・メディンスキー大統領補佐官はウクライナ側の提案を「検討する」と述べ、本国へ持ち帰る意向を示したことである。また、この提案には「非武装化」や「非ナチ化」が含まれていないので、ロシアがゼレンスキー政権の退陣とそれに続く傀儡政権の樹立という目標を後退させたことを示すように見えた。[2]

2　前出『ウクライナ戦争』一三〇頁〜一三四頁

□ブチャでの民間人殺害

しかし四月三日、キーウ周辺からのロシア軍の撤退により、一度ロシア軍が占拠したキーウ郊外のブチャで、数百人のウクライナ民間人の遺体が発見された。四月四日、ブチャに入り報道陣の取材に答えたゼレンスキー大統領は「これは虐殺だ」と語り、「犯罪に関与したロシア軍を一刻も早く特定するため、あらゆる手を尽くす。彼らを罰するために、ＥＵや国際刑事裁判所などの国際機関と協力していく」と強調した。

その一方で、ゼレンスキー大統領は「まだロシアと対話を続けるのか」というメディアの質問に対し「続ける。なぜならウクライナの人々は平和を必要とし、平和のために交渉が必要だからだ」と答え、四月四日の時点ではまだ交渉を継続する意思を示していた。

一方のロシア側は、ブチャでの民間人の殺害について「フェイクニュースだ」と関与を否定したが、この惨状に対する国際的な非難は一気に強まった。米国のバイデン大統領は四月四日「これは戦争犯罪だ、プーチン大統領の責任を追及する」とメディアに対し明言した。またイギリスのジョンソン首相は、四月四日付のツイッターで「ブチャなどでの罪もない民間人への攻撃は、プーチンと彼の軍隊が戦争犯罪を行っている明らかな証拠だ」と発信した。

米国はこの事件を受け、国連の人権理事会からロシアを追放する決議を国連総会に提出することを決定した。フランスやドイツも、ブチャの惨状に対し、数人のロシアの外交官を国外追放する措置に出た。「プーチン氏は戦争犯罪人だ」という西側諸国による非難が高まる中、プーチン大統領は四月一二日、「ウクライナがブチャの惨劇という虚偽を作り上げた結果、和平交渉は完全に終わった」とし、交渉の終結を宣言した。[3]

こうして停戦協議は頓挫した。
このブチャの民間人殺害に限らず、ウクライナ戦争による被害は多岐にわたり、また影響も日増しに深刻化した。
世界の政治・外交・軍事・安全保障、国際秩序、国連やNATOなどの地域的枠組み、同盟関係、核抑止や大量破壊兵器の拡散問題、経済、産業、資源・エネルギー、環境、食糧、避難民などはもちろん、その影響は思想・文化・概念や人々の生活や倫理観などあらゆる分野に及んでいる。[4]
世界的に経済成長が低下し、食糧、エネルギーの価格高騰、金融破綻、為替レートの乱高下、食糧難にともなう地域不安が起こり、先進国も金融政策、エネルギー、財政の施策、インフレや国内不満の抑制に苦労している。
戦禍が拡大し、人権が無視され、人々の生活が破壊され、無辜《むこ》の避難民が国内外で逃げまどい、家族は離れ離れになり、環境が汚染され、貧富の差が広がり、世界で平和な場所を見つけることが難しくなりつつある。[5]
しかし、このような甚大な惨禍があるにもかかわらず、ウクライナ戦争をやめさせることはまだできていない。

3　前出『ウクライナ戦争をどう終わらせるか』五四頁〜五六頁
4　前出『ウクライナ戦争と激変する国際秩序』一頁
5　同書三頁

□人道回廊と穀物輸出合意

では何もできないのか、と言うとそれはそうではない。

国連のグテーレス事務総長は、二〇二二年四月末に、開戦後はじめてロシアとウクライナの双方を訪問した。そして、①当時戦闘の激しかったマリウポリの製鉄所にいる民間人の避難、②ウクライナとロシアからの穀物輸出に向けた合意作り、という二つの具体的な目標を立て、ロシアのプーチン大統領やウクライナのゼレンスキー大統領と会談を行った。

マリウポリからの避難については、その直後、ロシアとウクライナの合意により人道回廊が新たに作られ、数百人の民間人が無事に退避した。

その後グテーレス事務総長は、世界中の最貧国に影響が出ている穀物輸出の問題についてグリフィス人道担当国連事務次長を担当者にし、ロシアとウクライナ間の水面下の交渉を進めた。ウクライナの穀物やロシアの肥料の輸出が全面的にストップし、食料価格が高騰、世界的な食料危機が叫ばれ、国連は「この影響で五〇〇〇万人が飢饉に新たに陥る」と警告している。

ウクライナ、ロシア両国は世界屈指の穀物輸出国であり、国連食糧農業機関（FAO）の二〇二一年データによれば、ロシアは小麦の輸出量で世界第一位、ウクライナは世界第五位である。そのため、黒海を通じ、ウクライナからの穀物を輸出できるようにすべきという国際世論が高まり、トルコと国連が仲介を続け、二〇二二年七月二二日、トルコのイスタンブールにおいて、ロシアとウクライナが穀物の輸出に関する合意文書に調印した。

この合意に基づき、八月初頭から、オデッサなどウクライナの三つの港から黒海を通じて、ウクライナの小麦やトウモロコシなどの穀物の輸出が再開された。イスタンブールにトルコ、国連、ウクライナ、ロシアによる「共同調整センター」が設置され、その四者のスタッフが、ウクライナに出入りする全ての船をチェックして、武器などがウクライナに運ばれていないことを確認し、穀物をオデッサ港などで積み込み輸出している。国連によれば、八月一日に最初に穀物を載せた船が出航して以来、一〇月末までに九五〇万トンを超える穀物が輸出されている[6]。

これは、国連が重要な役割を果たした実例である。しかし、この穀物輸出に関する合意がすぐにウクライナとロシアの停戦協議に結びつくかと言えば、残念ながらそこまでには至っていない。

すなわち、戦争の終結と和平については、まだ先が見えない。やはり、和平法則を模索することが必要だと思われる。

6　前出『ウクライナ戦争をどう終わらせるか』六一頁〜六三頁

第三章　和平法則

第一節　総論的な和平法則

□囚人ジレンマの法則

戦争の決着を勝ち敗けによってつけるのではなく、和平をするのであれば、これから述べるようないくつかの和平の法則を頭に置く必要があると考える。

ここで「和平をする」という言葉は、和平交渉のプロセスと、その結果として結ばれる和平の結論を意味する。プロセスと結論の両方を同時にあらわすこともあるし、どちらか片方だけをあらわすこともある。そういう内容を包括して、以下「和平をする」と表現する。

そこで、前章までの歴史的事実（現在進行中のウクライナ戦争も日々刻々の歴史として重ねられている）から「和平法則」を抽出してみたいと思う。

「和平法則」と言えば、その法則によって和平が容易に可能になると思われるかもしれないが、それは逆で、法則は和平の困難性からはじまる。

戦争には囚人のジレンマが顕著に発現するので、戦争から和平に導くことは極めて困難である（囚人ジレンマの法則）

前章第一節の「ウクライナ戦争の情勢と戦況」において、長々とウクライナ戦争の情勢と戦況を追ったが、これでも一部に過ぎないのであって、現実には日々刻々と戦闘が繰り広げられている状態が続いている。そして、ウクライナとロシアの停戦協議も結局のところ頓挫してしまった。

この情況は、まさしく囚人のジレンマである。そこで、囚人のジレンマ・ゲームによって分析しておく必要があるだろう。[1]

二人の囚人XとYが、互いに相手方が何を言っているか知らされていないで牢屋につながれているとする。XがYを裏切って「Yこそ犯人だ」と言い、YがXに協調して「Xが犯人だ」と言わないとすれば、Xには証拠がないから無罪になり、Yは重い有罪になる。この場合、Xに五点、Yに〇点を与える。同様に、Xが協調しYが裏切るとすれば、Xが重い有罪になり、Yが無罪になって、Xが〇点、Yが五点になる。双方とも互いに相手方が犯人だと言えば、双方とも証拠があるので有罪になるが、罪は一人で犯行に及んだ場合と比べて少し軽くなり、XもYも一点となる。しかし、双方が協調して何も言わないとすれば、双方とも有罪になるが、罪は相当軽くなって、XにもYにも三点が与えられる。

囚人のジレンマ・ゲームは以上のように設定するが、囚人Xと囚人Yの二人のプレイヤーがいて、それぞれが「協調」と「裏切り」という選択肢をとることができる。XとYは、互いに相手方がとる行動を知らないときに、自分の行動を選択しなければならない。そのとき、XとYは、協調と裏切りのどちらの行動をとるだろうか。

囚人は、自分が相手方を裏切って相手方が自分を裏切らなければ最高の点数を稼げるが、双方とも裏切ればひどいことになる。そして、双方が協調すればまずまずの結果になるが、自分が協調して相手方に裏切られると最もひどい結果になるから、うっかり協調できない。

だから、結局のところ、双方が裏切り合って、双方とも有罪、点数は一点になってしまう。これが囚人のジレンマである。

囚人のジレンマは、単純かつ抽象的ではある。しかし、双方が協調し合えばよかったものの、それぞれが最もひどいことになるのを恐れるために、裏切り合いになってしまう。これはまさしく、一般的で興味深い事態を定式化している。

このことで、何か思い当たることはないだろうか。

戦争を指向する国家の行為は、自国が協調して相手国に裏切られたら最もひどいことになるので、それを恐れて結局のところ戦争を継続することになってしまう。ウクライナ戦争でも、前に見た通り「裏切り」の応酬であり、絶えず裏切りのカードを切り合っていて、そこから抜け出して和平をすることが極めて困難な状態に陥っている。

こうしてみると、戦争から和平へということは非常に難しい。多くの戦争は、和平をすることなく、勝ち敗けによって決着をつけることになる。こういう事態は、第一次世界大戦でも第二次世界大戦でも見た通りである。

それだけでなく、戦争を継続する利益を持つ勢力があることが和平を妨げている。軍需産業や戦争企業などは戦争がなければ存立することができない。アメリカは、代理戦争を含めれば、第二次世界大戦以降も絶えず戦争をしていた。

したがって、ウクライナ戦争を和平に導くことは、針の穴にラクダを通すほど難しい。

この書物は、ウクライナ戦争の行く末を予測するものではないが、和平の難しさからすると、双方が降伏せずに戦争が長く続くことが最も可能性が高いのではないだろうか。そして、あたかもオーウェルの小説『一九八四年』に描かれているような半永久的に継続する戦争に変形してゆくかもしれない。しかし、「戦争は平和なり」[2]と叫ばれる世の中にはなってほしくはない。とは言え、ロシアがウクライナの東・南部四州から撤退しても、核で威嚇して戦争を継続することはあり得るだろう。仮にロシアが撤退するとしても、地雷をまき散らして、ウクライナの東・南部四州を廃墟にする恐れがある。あるいは、東部と南部に核兵器を使用することも考えられる。こうしてみると、核兵器の存在は、戦争の抑止力ではなく、和平を妨げているという意味で、和平の抑止力であることが分かる。

あくまでも勝ち敗けによって決着をつけるということであれば、勝敗がついたあとで講和をすればよいのだから、これから先を書くことはあまり意味がない。しかし、戦争を可能な限り早期に終結したいと考えるのであれば、和平をしなければならない。また、戦争から和平にということに法則性があるとしたら、それを模索することには別の意味があると思う。したがって、極めて困難ではあるが、和平法則を探求する必要はあると思われる。

1　囚人のジレンマ・ゲームについては、ロバート・アクセルロッド著、松田裕之訳『つきあい方の科学』(CBS出版) 七頁～九頁

2　ジョージ・オーウェル著、高橋和久訳『一九八四年〔新訳版〕』(早川書房) 四四頁

□真逆の法則

まずは、常識的なところから入ってゆこう。

和平の論理は、戦争の論理とは真逆である(真逆の法則)

論理とは、思考や論議を進めていく道筋である。その道筋が、戦争と和平とでは真逆になっている。例えば、戦争は勝ち敗けをつけるが、和平は勝ち敗けをつける必要がない。また、戦争は勝者が敗者を罰するが、和平は逆に赦しを与える。

戦争の渦中には、頭の中が戦争の論理で占められているから、どうしても経済制裁とか戦争犯罪者の処罰とかに思考が傾いてしまう。しかし、そのままでは和平はできない。和平をしようと考えるのであれば、頭の中の戦争の論理を捨てて、あるいは休止させて、和平の論理に切り換えなければならない。これは、非常に難しいことであり、和平協議を進めていてもたいていはすぐに戦争の方に戻ってしまう。戦争中は、うっかり和平を進めたらやられてしまうので、油断ができないのである。その恐怖心から容易に戦争の論理に戻ってしまうのである。

いったいどうしてこうなるのだろうか。この真逆の法則は、戦争と和平の関係だけではなく、いろいろな局面でも起こる現象である。人間関係の最小単位である夫婦の間でも、「仲直りの論理は、喧嘩の論理と真逆である」ということに置き換えることができる。こうしてみると、ヒトという種は、よほど和平が苦手なのであろう。それは、遺伝子がそうなっているのか、あるいは脳に刻まれているのかもしれないが、いずれにせよ、遺伝子学や脳科学に解明してほしいところである。

それはともかくとして、戦争をやめて和平をしようというのであれば、逆転の発想が必要である。

例えば、前述の通り、二〇二二年四月三日にブチャで多数の民間人の遺体が発見（以下、「ブチャ事件」という）されたとき、ゼレンスキー大統領は、犯罪に関与した彼らを罰するために国際刑事裁判所と協力すると言い、国際世論は一斉にロシアを非難し、各国は報復措置をとった。これは、正義の観点からしても当然のことである。もしこれを赦せば、ロシアの戦争犯罪がますますエスカレートすると誰しも考えるだろう。

しかし、それでは和平はできない。和平をするのであれば、発想を逆転させて、こういうときにこそ赦さなければならない。いったいそういうことができるだろうか。

□対話と合意の法則

ウクライナのゼレンスキー大統領は、二〇二二年四月三日のブチャ事件翌日に報道陣の取材に答えたときでさえ「平和のために交渉が必要だからロシアとの対話を続ける」と発言している。これがヒントになる。

和平をするためには、対話と合意が不可欠である（対話と合意の法則）

「和平をする」を具体的に言えば、対話を積み重ねていって合意に到達することである。和平を構成するさまざまな要素を一つひとつ剝がしてゆくと、最後に残るのは対話と合意である。

しかし、戦争となれば、対話の場を設定することさえ難しい。一般の民事紛争であれば、裁判所に呼び出して訴訟から和解に入る道があるが、戦争では呼びかけに応じなければそれまでである。国連の総会や理事会にロシアの代表が出席するが、ロシアの代表は一方的に意見を述べるだけであるから、そこが対話の場になることは期待できない。

仮に対話の場が設定されたとしても、対話を軌道に乗せることがまた困難である。対話の利点は、自分の意見を述べ、相手方の意見とすり合わせることができるところにある。しかし、お互いに自分の意見を述べるだけでは、平行線になって対話の成果を得ることはできない。とくに交戦中の当事者の対話は、非難合戦になる可能性が高い。

それでも対話はした方がよい。非難合戦をしているうちに、相手方の思想、見解、利害、要望が分かり、合意の方向性が見えてくることがあるからである。戦争ではなく一般の民事紛争であれば、激しく非難合戦をしている最中に何らかの気づきをして、和解の握手をすることがしばしば起こる。しかし、戦争であれば、利害の相違が大きくてその域に達することは難しいだろう。したがって、第三者を仲介人として対話を促進することが必要となるが、それについては後に考察する。

こうしてみると、対話が不可欠とは言え、実際には極めて難しいということが分かる。しかし、その例がないわけではない。

一九七一年、アメリカの国際政治学者ヘンリー・キッシンジャーは、ニクソン大統領の密使として極秘に二度中国を訪問して周恩来首相と直接会談を行い、米中和解への道筋をつけた。そして、その中国との和解を交渉カードにして、ベトナム戦争終結に向けて北ベトナムとの秘密停戦交渉をした。

このような言わば膝詰め談判による対話が可能であれば、ウクライナ戦争が和平に向かうようになるだろう。その可能性は極めて小さいが、しかしゼロではない。

ところで、囚人ジレンマの法則で述べた囚人のジレンマ・ゲームには続きがある。

二人のエゴイストがこの囚人のジレンマ・ゲームを一回だけ行い、双方が支配された選択肢である裏切りを選んだときには、両方が協調し合ったときよりも損になる。しかし、何度もこのゲームを反復して繰り返し、しかも回数が決まっていないときにはどうであろうか。実際の人々のつき合いにおいては、当事者どうしが相手方と何回つき合うか知らない場合がほとんどであろう。

そこで、囚人のジレンマ・ゲームを回数を知らせずに反復して行う反復囚人のジレンマ・ゲームをすれば、どのような結果になるだろうか。アクセルロッドは、対戦の回数を知らせないという条件を設定したうえで、囚人のジレンマ・ゲームを反復して行うコンピュータ選手権を二回開き、ゲーム理論の専門家を競技参加者として招待した。

その結果、トロント大学のアナトール・ラポポート教授が応募した「しっぺ返し」戦略が、第一回選手権で優勝した。「しっぺ返し」戦略は、最初は協調行為をとる。その後は相手が前の回にとったのと同じ行為を選ぶ。この決定方法は、分かりやすく、プログラムをつくるのも簡単である。そして、人間どうしのつき合いにおいて、かなり多くの場合に協調関係を引き出すものとして知られている。また、「しっぺ返し」戦略は、相手からあまり搾取されず、「しっぺ返し」どうしがつき合ってもうまくゆくという望ましい性質を持っている。

アクセルロッドは、さらに第二回選手権を開催した。二回目の参加者には、一回目の結果の詳しい分析を予め知らせていたが、二回目に優勝したのは前回と同じ「しっぺ返し」であった。「しっぺ返し」は、相手方も自分が協調すれば協調が必ず返ってくることが分かって、それからはお互いに「協調」のカードを切り合い、囚人ジレンマの法則で述べた三点が続くからである。アクセルロッドは、この「しっぺ返し」の強さの秘訣を分析して、

「しっぺ返し」が成功した要因は、自分の方から裏切り始めることはなく、相手方の裏切りには即座に報復し、心が広く（ここで心が広いということは、相手方が裏切った後でも再び協調する性質で、報復は一回きりで過去のことは水に流してしまうことである）、相手方に対して分かりやすい行動をとったことであると言う。[3]

このアクセルロッドの研究の成果は、和平のプロセスの中でも応用できると思われる。「対話」は、反復囚人のジレンマ・ゲームにおける「協調」のカードに他ならないが、双方が「対話」のカードを切り続ければ、最も高い点数、すなわち「和平」にたどり着けるのではないだろうか。

したがって対話は、その場を作ったり軌道に乗せたりすることさえ困難であるにもかかわらず、和平を希求するのであれば、対話のカードを手放してはいけない。

ブチャ事件のときに、国際世論は一斉にロシアを非難し、ゼレンスキー大統領も戦争犯罪者を罰するという「裏切り」のカードを切ったが、その一方で「対話は続ける」という「協調」のカードも切った。これに対してロシアが「協調」のカードを捨てたのは、最終的にはブチャでの遺体発見から九日後の四月一二日であった。

この九日間にロシア非難の国際世論は高まったが、三月二九日の第五回停戦協議のときには、ウクライナ側の提案に対して、ロシア側の交渉団は検討するとして持ち帰ることにしたのである。したがって、表面的には四月三日のブチャの遺体発見の時点では、ロシア側は検討中だったはずである。このウクライナ側の提案についてプーチン大統領がどのように考えていたかは分からないが、時間的にはロシア側の回答が出る前にブチャ事件の発覚があったことは確かであろう。

すなわち、三月二九日の停戦協議から四月一二日のプーチン大統領の交渉終結宣言までの間は、形の上ではまだ対話という「協調」カードが残っていたはずである。この間のブチャ事件に対して、バイデン大統領やジョンソン首相はロシア非難の声を出し、フランスやドイツも報復措置をとった。

しかし、戦争当事者は、ロシアとウクライナである。その両当事者の手の中に、対話という「協調」カードが残っているのに、そのカードを捨てさせることがあってよかったのだろうか。

この「対話と合意の法則」を頭に置いて、別の声を発することができなかったのであろうか。例えば、ロシアとウクライナに対して「さあ、どうしますか」と尋ねる声とか。

これは私の個人的な見解になるが、このときにウクライナ側が「赦し」というカードを持って対話を続ければ、ウクライナにとって、そしてロシアにとっても望ましい結果が得られたのではないかと思う。少なくともそれを試みるだけの値打ちはあったと思われる。

ただし、このような場合の「赦し」は、心底からの赦しでなくてもよい。「まあまあ赦しておこうか」という程度のものであってもよいし、表面的な赦しでも外交的な赦しでもよいだろう。

なお、「赦し」という協調のカードは、決して弱いカードではない。使い方によっては非常に強い働き方をするものである。

それやこれやを含めて、「赦し」のカードをどのように使うかは、微妙な心理がからんできて、なかなか難しいことである。あまり「赦し」を強調すれば、何か弱みがあるのではないかと疑われるし、恩着せがましいと思われて引かれてしまうこともあるかもしれない。また、もっと非道なことができると考えられる恐れもある。このように、「赦し」のカードの使い方は難しいので、場合によっては使わないで持っておくだけでもよい。

そういう場面は展開されなかったが、それはつまり、和平のチャンスを逃したということになるのではないだろうか。

3　反復囚人のジレンマ・ゲームについては、前出『つきあい方の科学』二九頁〜四八頁

□正義に蓋の法則

ブチャ事件でロシア非難の国際世論が高まったのは理解できる。こういうときに人々は、正義の騎士になって「赦せない」「赦せない」と叫ぶのである。しかし、和平をするのならば、正義に蓋をしなければならない。すなわち、

正義を掲げていたら和平はできない（正義に蓋の法則）

もとより正義は非常に大切な価値である。あるいはヒトにとって最高の価値の一つと言ってもよいだろう。正義に殉じる人間はたくさんいる。また、正義に反する相手方を赦せない人間ははるかに多い。そして、戦争のほとんどは正義の旗を掲げてはじまる。ひとたび戦争が起これば、「正義」は著しく破壊される。そして、正義を破壊された側は、破壊者を激しく非難する。

しかし、正義を掲げて応酬を繰り返していては、とうてい和平はできない。

正義は、もともと相対的なものである。こちらに正義があれば、あちらにも別の正義がある。すなわち、戦争は正義と正義のぶつかり合いである。

そしてまた、正義は主観的である。

したがって、その主観的な正義に妥当性があるかどうかは関係がない。極端に言えば、嘘か本当かにも関係がない。言っている本人が「これが正義だ」と言えばそれが正義になるのである。

第二次世界大戦における「大東亜共栄圏の建設」は当時の日本では正義であった。このように有っても無くても、実現可能性がなくても、植民地の人々を苦しめても、軍部が言えばそれが正義なのである。

プーチン大統領の「非軍事化、非ナチ化、ロシア系住民の虐殺の阻止」というスローガンも、プーチン大統領にとっては、立派な正義である。それは主観的正義であるから、ウクライナの「軍事化」「ナチ化」「ロシア系住民の虐殺」が嘘であっても、正義であることには変わりはない。

言われた方のウクライナがそれは嘘だと言っても、プーチン大統領にとっては痛くも痒くもないだろう。軍事化もナチ化もロシア系住民の虐殺も「ない」ことであるから、「ない」ことを証明することは悪魔の証明であって、不可能なことである。

これに対して、プーチン大統領にとっては、西側諸国が掲げる「民主主義を守る」という正義も嘘に見えるだろう。その嘘を暴くとすれば、民主主義に反していないという悪魔の証明をしなければならない。

このように、戦争は、それぞれが主観的正義を掲げてはじまり、延々と続けられる。どちらが掲げる「正義」が正しいかに決着をつけるのであれば、戦争で勝ち敗けを決めなければならない。なお、正義に絶対的正義があるのだとしたら「どちらの正義が正しいか」

ということは自己撞着である。しかし、正義はもともと相対的であり、主観的であるから、「どちらの正義が正しいか」を決めなければならない事態が発生する。

すべての戦争は、正義と正義のぶつかり合いである。第一章で見たように、第一次世界大戦も、第二次世界大戦も、その後の冷戦もそうであった。

つけ加えれば、戦争に限らず、すべての紛争も同じである。夫婦喧嘩でも、「俺が正しい」「私こそ正しい」と言い合うではないか。

しかし、和平を指向するのであれば、この「正義」に蓋をしなければならない。目を瞑って和平に心血を注がなければならない。そして、自分にこう言い聞かせるのだ。「和平をすることこそが正義である」と。

すなわち、今何よりも優る正義は、「和平」である。和平をすることによって、殺戮、破壊などもろもろの不正義を防止できるからである。

□「目には目を」不可能の法則

「目には目を」という報復律がある。人が他者を害したときは、その罰は同程度のものでなければならないという規律である。紀元前一七九二年から一七五〇年にバビロニアを統治した王は「ハンムラビ法典」を発布した。その法典には特定の犯罪に対し、その苦しみにふさわしい処罰が並べられている。例えば、子がその父を打ったときにはその手が切られる。しかし、

「目には目を」は和平には不可能である（「目には目を」不可能の法則）

マタイ伝は「『目には目を　歯には歯を』と言われていたことは、あなたがたの聞いているところである。しかし、わたしはあなたがたに言う。悪人に手向かうな。もし、だれかがあなたの右の頰を打つなら、ほかの頰をも向けてやりなさい」というキリストの言葉

を伝えている。[4]

しかし、ウクライナに対して、左の頬をも向けてやりなさいと言うことは、あまりにも残酷である。とうていそのようなことは言えることではないし、できることでもない。

とは言え、ここで言われている精神は、まさしく和平の真髄である。報復が和平を妨げていることはこれまでの歴史の中でさんざん見てきたことである。

報復が和平の妨げになることは、「囚人ジレンマの法則」にも「真逆の法則」にも出てきた。しかし、私がここで言いたいことは、そういうことではない。

私がここで言いたいのは、「目には目を」は、そもそも不可能だということである。

戦争を起こした人間が何千万人殺そうと、社会に甚大な被害を与えようと、戦争を起こした人間が差し出すことができるのは、自分の命だけである。一〇〇万人殺した者に対し、一〇〇万人の命を提供させることは物理的に不可能である。

第二次世界大戦における連合国・枢軸国および中立国の軍人・民間人の被害者数の総計は五〇〇〇万人から八〇〇〇万人だと言われている。しかし、ヒトラーは一人しかいない。ヒトラーの命は一つしかない。

もし、戦争の法則を考察するならば、**戦争責任者の責任は有限である、**といういわば**有限責任の戦争法則**を立てることができるだろう。この有限責任の戦争法則があるために、戦争を仕掛ける人間は絶えることがなかった。しかも、戦争に勝てば報復を受けるどころか英雄になる。その戦争法則を裏返しにした「目には目を」不可能の和平法則は、とくに念頭に置いておきたいことだと思う。

4　新約聖書「マタイによる福音書」第五章三八節〜三九節

□懲罰無効果の法則

戦争責任者の責任は有限である、という有限責任の戦争法則はもう一つ大切な事実を示唆している。それは、戦争犯罪者の処罰規定では戦争を抑止することはできないということである。いざとなっても命を失うだけだ、どうせいずれは失う命だと独裁者が考えれば、戦争に賭けるだけの値打ちはある。戦争による被害と戦争を起こした人間の責任とがアンバランスであるために、処罰による威嚇で戦争を止めることはできないのである。
しかし、ここは和平の法則を模索する場であるので、あまり深入りしないで先に進もう。

懲罰は和平に有効性を持たない（懲罰無効果の法則）

国際法に照らして戦闘や占領における犯罪を暴露し、国際機関の姿勢を明示することは重要な意味を持つ。また、国際刑事裁判所（ＩＣＣ）が、戦争犯罪者に逮捕状を出したり、刑事法廷に呼び出したりすることは、一定の効果があるだろう。しかし、その実効性は乏しく、なかなか効果はあらわれない。懲罰が実質的に機能するのは、戦争の勝敗が決まったあとのことである。

それはともかくとして、懲罰を指向する強い倫理性や規範性は、和平に邪魔になるのである。したがって、戦争から和平に転換することについては懲罰に関する定めは役に立たない。報復と懲罰では和平には到達しない。戦争と和平は逆のベクトルが働いているのであるから、戦争の論理や思考の延長では和平はできない。戦争の脳を消去しなければならないのである。

前に述べたことだが、第一次世界大戦の最中にロシア革命政府が呼びかけた「無併合、無償金、民族自決」の原則とウィルソン大統領の併合も賠償も求めないという教書は、戦争の論理を和平の論理に切り換えた実例だと言えるだろう。

なお、経済制裁は兵糧攻めで降伏を迫るような古典的な戦術であるが、経済制裁という圧力によって和平に追い込むことはあるだろう。しかし、相手方が命を失うほど兵糧に困らなければ効果はない。したがって、和平に関しては、経済制裁に多くを期待することはできない。しかし、経済制裁が和平のきっかけになることもあるだろうから、まったく効果がないとは言い切れない。また、経済制裁の全部または一部を解除して和平のきっかけとすることもあり得ないことではない。これは、民事的な争いにおいて、紛争状態を和解に導くためにときどき使用される手法である。私は、富士五湖カントリー富士ヶ嶺事件で、相手方のゴルフ場用地二二万坪にかけていた仮処分を無償、無条件で解除して、一気に和解になだれこんだことがある。[5]

5　廣田尚久『紛争解決学〔新版〕』（信山社）三五二頁〜三七三頁

□和平先行の法則

法則と言い切ることに若干躊躇を覚えるが、歴史的事実を洗うとだいたい次のような法則が見えてくる。すなわち、

大国と小国の戦争は、大国の武力撤収によって終結するが、撤収前に和平が行われる（和平先行の法則）

具体的に言うと、朝鮮戦争以降の戦争は、大国が武力撤収をして終結することが多い。

また、ほとんどは大国の撤退前に和平が行われる。

なお、戦争で勝ち敗けが決まったあとの講和は、和平とは別の論理が使用されるので、

この本では講和を和平と切り離して別途に考察するが、この和平先行の法則は、大国の撤退前に行われる和平を指しているから、とくに注意を要する。

そのうえで、朝鮮戦争以降の大国の侵攻による戦争を見ておこう。

朝鮮戦争とベトナム戦争については、第一章第四節の「冷戦とその激化」で述べたので、ここでは繰り返さない。ここでは、ソ連によるアフガン戦争以降の戦争について見ておこう。

一九七九年にソ連はアフガニスタン（以下、「アフガン」という）に軍事侵攻した。当時のアフガンは共産主義政党が政権を握っていたが、その政権がクーデターで転覆されると恐れたソ連がアフガンに侵攻したのがはじまりだった。これに対してアフガンの人々は一斉に立ち上がり、ゲリラ戦による抵抗をした。ソ連は一〇年もの間泥沼の戦争を余儀なくされたが、最終的には一九八八年四月に、ソ連、アフガン、パキスタン、米国の外相がジュネーブに集まり、和平のための合意文書を締結した。和平合意には、「ソ連軍のアフガンからの撤退」が明記され、ソ連軍は段階的にアフガンからの撤収をはじめて、一九八九年二月に全軍の撤収が完了した。[6]

ソ連撤退後、アフガンではアフガン人勢力どうしの内戦がはじまったが、一九九四年に勃興したイスラム主義組織タリバンが一九九六年に首都カブールを制圧し、一九九九年にはアフガン全土の九割を支配するようになった。このタリバン政権に対し、今度は米国が、九・一一同時多発テロ事件を起こしたアルカイダがアフガンに拠点を持っているという理由で、二〇〇一年一〇月に軍事介入し、タリバン政権を崩壊させた。その後カルザイ暫定政権の発足、タリバンの支配地域の拡大、アフガン駐留米軍一〇万までの増派、米国・アフガン政府・パキスタン（パキスタンはタリバンを支援していると見られていた）との間の何度かの対話とその頓挫などがあったが、二〇一八年から米国とタリバン間で一〇回以上の継続的な和平交渉が行われた結果、二〇二〇年二月に米国とタリバン間で政治合意が調印された。この合意の中で「米軍のアフガンからの完全撤収」が約束された。二〇二一年八月末の完全撤収に向けて米軍が撤退を進める中で、タリバンはそれまで控えていた全国三四州の州都に対する一斉攻撃を開始し、いくつかの州では旧アフガン政府軍の抵抗があったが、結局タリバンは全土を掌握した。[7]

また米国は、二〇〇三年にイラクに対して「化学兵器や生物兵器など大量破壊兵器をフセイン政権が保有している」という理由で、英国など有志連合とともに軍事侵攻した。その後、二〇〇六年のイラク内戦突入、二〇一二年以降のＩＳＩＳ（いわゆる「イスラム国」）勢力拡大、米軍の再度の介入などが続いたが、米国はイラクでの駐留の負担が重く、二〇一一年末までに軍のほとんどを撤収させた。[8] この間の二〇〇七年に、イラク駐在米軍のペトロレス司令官は、政府との和解を促すことを目的にして、イラク全土に「イラク覚醒評議会」という組織を立ち上げた。この呼びかけに応じて、イラク全土で一〇万人以上の反政府武装勢力の兵士や部隊が評議会に参加し、イラク政府軍や米軍との戦闘を停止した。[9]

ウクライナは小国ではないが、ロシアとウクライナとでは、相対的にロシアが大国、ウクライナが小国という関係になる。ソ連のアフガン侵攻でも、米国のアフガン侵攻でも、米国のイラク侵攻でも、侵攻した大国が降伏をしたわけではないが、軍を撤収させた。しかし、大国が武力撤収をする前に何らかの和平交渉や和平合意が必要だった。[10] その歴史に鑑みれば、ゼレンスキー大統領が開戦当初から言い続けていた「全ての戦争は交渉によって終わっている。私もロシアとの交渉を拒否しない」という考えは正しいのである。

したがって、まだしっかり固まってはいないものの、あえて和平先行の法則を立てておきたいと思う。大国に武力を撤収させるために、和平合意を先にするように仕向けることが必要だと考えるからである。

6　前出『ウクライナ戦争をどう終わらせるか』二八頁〜二九頁
7　同書三〇頁〜三四頁
8　同書三四頁〜三五頁
9　東大作『内戦と和平　現代戦争をどう終わらせるか』（中央公論新社）一六八頁〜一六九頁
10　前出『ウクライナ戦争をどう終わらせるか』三八頁〜三九頁

第二節　手続的な和平法則

□調停有効の法則

私は国内紛争を対象にして「紛争解決学」を構築したが、海外の「紛争解決学」は国際紛争を対象にしているものが多い。前者はミクロ（極小）やメゾ（中間）のレベルの紛争を扱うが、後者はマクロ（大型）やメガ（巨大）のレベルの紛争を扱う。しかし、国内紛争を対象にしても、国際紛争を対象にしても、いずれも人間の営為であるから、正確に同じ方法に基づいて和解・和平を目指すのである。[1]

そこで、歴史的事実を念頭に置きつつ、海外の紛争解決学を参考にして、手続き的な和平法則を模索してみよう。

戦争を和平に導くためには、調停が有効な方法である（調停有効の法則）

調停の前に、当事者どうしの直接の交渉という方法があるが、ベトナム戦争におけるキッシンジャーのような成功例は稀なので、交渉を和平法則に高めるのには無理があると思われる。多くの場合は、調停者が紛争当事者の間に入って協議を重ね、和平に漕ぎつけるという方法をとる。

調停（Mediation）とは、第三者の調停人が紛争当事者の間に入って、紛争の解決をはかることである。ミクロ、メゾの紛争であれば、常設の調停機関で行われることが多い。これを機関調停という。しかし、機関調停ではなく、任意の場所で随時行うこともできる。これをアドホック調停という。ミクロ、メゾの紛争に対して、マクロ、メガの紛争であれば、機関調停よりもアドホック調停の方が多いだろう。ウクライナ戦争では、前述の通り、ベラルーシのブレストやトルコのイスタンブールで行われた。ここから分かるように、戦争から和平を目指すということになると、その調停がどこで行われるかが大きな関心事になる。そして、どこの誰が調停人になるかがさらに大きな関心事になる。

では、調停から和平に達した例を見ておこう。

エクアドルとペルーの間で三度の戦争を引き起こした五〇万平方キロメートル地域での国境紛争について、調停人がどんな境界線も引かないで、その地域を「自然公園のある二国家ゾーンにする」という提案をし、その三年後の一九九八年に和平に到達した。[2]

最終的な和平には至らないまでも、部分的な和解も調停でよく行われる。ウクライナとロシアの例によれば、前に述べた人道回廊と穀物輸出合意がある。人道回廊についてはニ〇ニニ年四月末の国連のグテーレス事務総長のロシアとウクライナ訪問の直後に実現した。また、穀物輸出は同年七月ニニ日に、トルコと国連の仲介で、ロシアとウクライナが合意文書に調印した。

このように部分的な和解を積み重ねていって、最終的な和解に到達することは、民事紛争ではしばしば用いられる手法である。調停によって協議が重ねられること、そして部分的とは言え和解のメリットが増えてゆくことが、相互の信頼関係を醸成し、それならば最終的な和解をということになるからである。

しかし、戦争から和平へとなると、この道筋に多くを期待することは難しいだろう。とくにウクライナ戦争ほどのメガ級の紛争となると……。それでもこの道筋があることは、頭の隅に置いておくだけの値打ちはあると思う。

調停を論じ出すと一冊の本になるので、ここでは深入りするのを控えるが、調停技法については、言及しておく必要があるだろう。

アメリカの調停実務では、調停の技法を、evaluative（評価力のある）、facilitative（助成力のある）、transformative（変容力のある）の三つに整理している。

evaluativeな調停は、調停人が当事者の主張や行為を評価し、つまりAが正しいBが間違っているなどと言って、そのイニシアチブのもとで調停案を示すなどの「説得」をし、和解に漕ぎつける技法である。この技法は、効率性は高いが、当事者の真の納得に到達できないことが多い。その反省のもとで発達してきたのが後二者の技法である。すなわち、後二者は、調停人が指示したり、評価したり、説得することをせずに、調停を当事者が言いたいことを言う場にして、当事者がみずから解決する方向を目指す手法である。

facilitativeな調停は、当事者双方がみずからの意思によって解決に達することを助力する技法である。transformativeな調停は、当事者が自己の能力を高め、相手方に対する認識を深めることによって変容することを理想としている。[3]

この技法は、基本的には戦争から和平へという調停にも使えると思う。しかし、戦争によってさんざん被害を被っている当事者が変容するところまで行くのは難しいだろう。当事者の背景にある経済、政治、社会などの情況をよく理解し、利害や意思や将来の展望をよく聞いて、evaluativeな技法とfacilitativeな技法を柔軟に駆使して、和平を達成するのが現実的だと思われる。

そのことを含めて、戦争を和平に導くためには調停が有効である、という手続き的な和平法則をここに明示しておきたい。

1　ヨハン・ガルトゥング著、藤田明史、奥本京子監訳、トランセンド研究会訳『ガルトゥング紛争解決学入門――コンフリクト・ワークへの招待』（法律文化社）八七頁

2　同書九四頁〜九六頁

3　廣田尚久『民事調停制度改革論』（信山社）五八頁〜五九頁

□仲裁有望の法則

仲裁もまた、戦争を和平に導くための有用な方法であると思う。しかし、戦争を仲裁で和平に導いた実例がすぐには思い当たらないので、今のところ、

仲裁は、戦争を和平に導くための有望な方法である（仲裁有望の法則）

としておきたい。

一五世紀にネーデルランドで生まれた人文主義者デジデリウス・エラスムスは、すでに国際的な仲裁機関の設置を主張している。[4] また、フーゴー・グローチウスは、一六二五年に出版した著書の中で、戦争を終結させるための方策として仲裁をあげている。[5]

そして、一八九九年には、国際紛争平和的処理条約が締結され、常設仲裁裁判所（ＰＣＡ）が設立された。しかし、常設とは言ってもこの名称の裁判所がいつでも利用できるわ

けではない。常設なのは裁判所の書記局の役割をはたす事務局とこれを指揮監督する評議会だけであって、裁判官は、その選定のための候補者の名簿が常備されているだけである。第一次世界大戦までに処理されたのは一七件で、その後、一九二一年に常設の国際司法裁判所が設立されたところから利用が稀となり、一九八〇年代後半になるまで常設仲裁裁判所はほとんど利用されなかった。その後仲裁裁判は司法裁判より柔軟性が高いことが評価されて、常設仲裁裁判所の内外で再び活用されるようになり、条約中に紛争処理手段の一つとして規定される場合もある。[6]

しかし、ここで仲裁裁判という言葉が使用されていることは、「仲裁」と「裁判」との混同を起こしかねない。仲裁システムと裁判システムとはまったく別のものである。

では、「仲裁」(Arbitration) とは何か。

一般的には、「仲裁」という言葉は、調停と同じように、争いの間に入って両者を和解させることという意味で使われているが、法律的な意味は、紛争当事者が仲裁人の判断に従うという合意をして (その合意を「仲裁合意」という)、その仲裁合意に基づいて仲裁人が判断をすれば (その判断を「仲裁判断」という)、当事者はその仲裁判断に従わなければならないという紛争解決システムである。仲裁判断の前に、当事者が十分に主張や証拠を提出し、意見をたたかわせることはもとよりのことであるが、いったん仲裁判断が出れば当事者はその仲裁判断に従わなければならない。これが国際基準の仲裁の定義である。

各国は仲裁法を制定しており、そこには仲裁判断は強制執行できるという規定が設けられている。因みに日本の仲裁法では、その四五条で仲裁判断には確定判決と同一の効力を有すると定められている。すなわち執行力があると定められているのである。

しかし、戦争終結のための和平を内容とする仲裁判断に強制執行ができるだろうか。仮にウクライナ戦争で、「ロシア軍は侵攻をはじめたラインまで撤退し戦闘を停止すること」という仲裁判断が出たとしても、ロシアがそれに従わないときにどうやって強制執行するのだろうか。そのことを考えれば、戦争から和平へという仲裁は、現実性も実現性も乏しいと認めざるを得ない。

だがしかし、それでも仲裁がよいというのが提唱者の意見である。仮に強制執行ができなくても、当事者として仲裁合意をして、仲裁人が仲裁判断をした以上、当事者としては仲裁判断に従わないわけにはゆかないだろう。

私も、清水の舞台から飛び降りるような気持ちで、思い切って仲裁合意をして、仲裁人の判断を仰ぐのが望ましいと思っている。どのような仲裁判断が出ようとも、戦争よりはましだと思えば、仲裁はあり得ない方法ではないと考えている。

エラスムスは、仲裁者の裁定は、たとえどんな不公正なものであっても、武力に訴えるよりは害悪が少なくてすむとまで言っている。[7]

これはいかにも極端な言辞であるが、エラスムスの平和を希求する強い思いが伝わってくる。しかし、そうは言っても、仲裁判断は、不公正よりも公正な方が望ましい。そこで、問題になるのは、仲裁人の選定である。

多くの仲裁機関の定めでは、仲裁人は三人で構成され、双方の当事者が各一人を推薦し、あとの一人は仲裁機関が選任することになっている。そして、仲裁機関が選任するときには、両当事者の同意を必要とするから、仲裁人を選任するまでには、多くの時間と労力を必要とする。

しかし仲裁は、仲裁機関で行うことを必要とはしていない。調停と同様に、アドホック仲裁でもよい。また、仲裁人は三人でなくてもよい。一人でもよいし、五人でも一〇人でもよい。仲裁合意の中身として、仲裁人の人数と選任方法を決めておけばよいことである。

さて、誰を仲裁人にするか。

中国は、二〇二三年二月二四日に一二項目の和平提案をし、習近平国家主席は三月二〇日にモスクワを訪問するに先立って「対話と交渉が唯一の活路だ」「中国は建設的な役割を果たす」と強調していた。[8] したがって、仲裁人に推薦されればおそらく引き受けるだろう。しかし、習近平が仲裁人としてふさわしいかどうかについては議論が分かれるところだろう。

ここで分かることは、国の代表者、すなわち国の利害を背負っている人は、仲裁人に適さないということである。しかし、公正な判断ができる人ならば、当事国の国民あるいは当事国と利害関係のある国の国民が、その国の代表者でなく世界市民として仲裁人になることはあってもよいと思う。ウクライナ戦争でいえば、三月二九日の停戦交渉で、ウクライナ側から安全保障のメンバーとして提案された米国、中国、英国、トルコ、ドイツ、フランス、カナダ、イタリア、ポーランド、イスラエルから一人ずつ選ぶのは如何だろうか。それに国連からの推薦でもう一人ないし数人を加えることも考えられる。したがって、一〇人以上の大仲裁人団になる。しかし、その十数人が何千万人の運命を担うのである。仲裁人の判断に従わなければならないという仲裁の定めは、重いものではあるが、深い意味のあるものである。

したがって、この仲裁有望の法則を、あえて和平法則として提唱しておきたい。これは、今のところ現実性に乏しく、夢のような話であるが、その夢を現実にしてほしいと思う人は少なくないと思われる。

4　エラスムス著、箕輪三郎訳『平和の訴え』（岩波書店）一二〇頁
5　フーゴー・グローチウス著、一又正雄訳『戦争と平和の法　第三巻』（巌松堂書店）一二二一頁～一二二三頁
6　柳原正治、森川幸一、兼原敦子編『プラクティス国際法講義〈第4版〉』（信山社）三八五頁～三八六頁
7　前出『平和の訴え』六六頁
8　二〇二三年三月一八日朝日新聞

第三節　実体的な和平法則

□規範使用の法則

和平には互譲や譲歩が必要である。しかし、譲歩に譲歩を重ねてもいっこうに和平が見えてこないことがあるだろう。なぜだろうか。それは、そこに規範が使われていないからである。そこで、

和平をするときには規範を使用する必要がある（規範使用の法則）

「規範」とは、行動や判断の基準・手本。判断・評価などの基準としてのっとるべきもの

である。規範の代表である「法」は、行為規範（人の行動を規制する機能を持っている規範）であり、社会規範（社会をコントロールする機能を持っている規範）であり、裁判規範（裁判の基準になる機能を持っている規範）であるとされている。しかし私は、「法」は紛争を解決するときの基準になる機能も持っているので、その機能に着目して「紛争解決規範」とネーミングした。

そのように考えると、紛争を解決に導くときに機能するものは「法」に限らずたくさんある。民事の紛争について紛争解決規範を列挙すると、判例、裁判上の和解・調停・仲裁の解決例、学説、諸科学の成果、慣習、道徳、自然法、生きた法、経済的合理性、ゲーム理論等々。そのような紛争解決規範を縦横に駆使して紛争に取り組めば、たいていの紛争は、裁判で勝ち敗けを決めるまでもなく和解で解決する。

これを戦争に当てはめれば、紛争解決規範を「戦争終結規範」と言い換えて、戦争で勝ち敗けを決めるまでもなく、戦争終結規範を駆使して和平で終結するということになる。

あらためて言うまでもなく、戦争終結規範とは、戦争を終結させる機能を持っている規範である。そこで、戦争終結規範を並べてみよう。

国際法、国連憲章、条約、和平・講和の先例、学説、諸科学の成果、慣習、道徳、自然法、歴史的合理性、社会的合理性、経済的合理性、ゲーム理論、宗教倫理等々。

戦争終結に取り組むときには、この戦争終結規範を縦横に駆使して、なんとかかんとか和平に漕ぎつける必要がある。

いや、そんな必要はない、和平協議の内容は、結局力関係で決まるのであって、最終的には妥協である、よくしてもお互いに譲り合う互譲である、という声が聞こえてくるようである。

たしかに、妥協や譲歩や互譲は必要であろう。しかし、それだけでは和平の握手をしないものだと思う。

和平に向かう要因はさまざまである。国民の厭戦気分、兵士のトラウマ（心的外傷）、経済的疲弊、反戦運動、独裁者の死亡、政変、ひいては革命等々。また、当事国の力関係、国際世論、支援国の影響力などもある。それらの諸事情を背景にして和平に向かうのであるから、規範に配慮する余裕がなく、できてもせいぜい互譲だということは理解できる。

しかし、せめて「まあまあ正義は貫いた」と思わなければ、政府の幹部も国民も納得しない。和平をするためには正義が邪魔だったとしても、この段階では正義が意識されるのである。

もともと戦争は正義を掲げてはじまったものであるから、そして、和平協議は正義を回復するために行われるのであるから、最低限の正義が実現できなければ戦争を継続した方がよいということになってしまう。ここに規範を必要とする事情がある。

しかし、規範を使いたくても適切な戦争終結規範がないこともある。そういうときには、新しい戦争終結規範を創造するのである。前に述べたエクアドルとペルーの戦争では、「社会的合理性」あるいは「平等」という道徳規範から発見されたのだろう。

このように使用される戦争終結規範は、両戦争当事者に共通のものであることが望ましいが、別々のものを使用してもかまわない。一方が国連憲章を念頭に置き、一方が道徳を念頭に置き、それでも和平が達成されればそれでもよい。

さて、ウクライナ戦争で和平協議が行われ、創造的な規範が必要となったとしたら、どのような戦争終結規範が使われるだろうか。

私はロシアとウクライナの歴史はひと通りしか知らないので、ウクライナ戦争に有用な規範を指摘することはできないが、おそらく歴史、宗教、文化、言語、芸術の中に、戦争終結規範として発見されるのを待っているものがあるのではないかと思っている。そのことに関しては、歴史学、宗教学、文化人類学、言語学、文学等の専門家に委ねたい。

□過酷条件回避の法則

過ぎたるは猶《なお》及ばざるが如しと言うが、和平に過酷な条件がつけられると、及ばざるどころか、とんでもない禍根を残すことになる。そこで、このことを和平法則として立てておきたい。

過酷な条件は和平後に禍根を残すので避けるべきである（過酷条件回避の法則）

すなわち、和平の内容に過酷な条件が含まれていれば、和平後に禍根を残すので、避けるべきである。

このことは、第一次世界大戦後にドイツに過酷な賠償を科したことが、ハイパー・インフレーションを起こし、やがてナチズムの台頭を招いたという歴史的事実が証明している。戦争によって勝ち敗けが決まったときには、勝者が敗者に対して賠償責任を追及し、戦争犯罪者の処罰をすることは当然とされている。

しかし、これを和平にスライドさせることは避けるべきだと思う。

和平をするということは、一定の合意があることが前提となるが、それでもその時点の力関係や諸事情によって、相当の譲歩を余儀なくされることがあるだろう。

例えば、もしウクライナ戦争で和平をすることになって、その条件としてウクライナの東・南部四州のロシアへの編入が内容になるとしたら、将来その四州の中で内紛が起こり、それがきっかけになって新たな戦争が起こりかねない。

イマヌエル・カントは、『永遠平和のために』の中で、「将来の戦争の種をひそかに保留して締結された平和条約は、決して平和条約とみなされてはならない」を第一条項としている。[1] このカントの第一条項を和平法則として掲げておきたい。

肝腎なのは、和平は将来指向だということである。ここが戦争後の講和と大きく異なるところである。

戦争で勝ち敗けが決まれば、戦争による被害の状況が判明する。そして、死亡者の人数やインフラの破損などあらゆる被害が計量される。そのうえで、責任の所在と大きさを突き止め、講和の内容を決めることになる。すなわち講和は、過去の事実の存否を決め、その事実に対する責任を明らかにすることが主要な作業である。

これに対して和平は、将来指向である。

和平プロセスの中で、当事国はそれぞれ、和平をすれば将来、どのようにすれば国民の生命と生活を守れるか、どうすれば安全は保障されるか、疲弊した経済を立て直せるか、どのようにして破壊されたインフラを整備するか、国民から大きな支持を受けられるか、国際世論にどのような影響を及ぼすか、外国からの援助を受けられるか、そのようなもろもろの将来を脳裏で計算しながら和平の条件を煮詰めてゆくのである。

したがって、そこに過酷な条件が持ち出されれば、将来の構想が崩れてしまい、一気に戦争のプロセスに戻ってしまう。それは極力避けたいところである。

すなわち、懲罰を前提にした戦争の論理を和平に持ち込んではならない。講和は戦争の延長線上にある過去指向のものである。これに対して和平は将来指向であるから、過去の因縁を断ち切って、ひたすら前を向いて知恵を絞るべきだと思う。

1　前出『永遠平和のために』一三頁

□卓抜の法則

卓抜した和平案が出れば和平を達成させることができる。逆に和平に到達するためには卓抜した和平案が必要である。そこで和平法則の締めくくりに、この和平法則を提示しておきたい。

卓抜した和平案を出すことが必要である（卓抜の法則）

卓抜な和平案を出すコツは、平凡な観念にとらわれないことである。卓抜した和平案は、得てして飛躍した想像力から生まれるものである。そしてそれは思いもよらないところに潜んでいるものである。

あの手この手の知恵を絞って卓抜なアイデアを出すと、相手方もそのアイデアに乗ってきて、ときには感動的な解決に到達することができる。

残虐行為がなされ深い傷が残されるという暴力の段階を経て和平をするときは、暴力の嵐が吹き荒れた直後の社会を超えてしまうほどの革新能力と創造的な再生が必要になる。[2]

前に述べたエクアドルとペルーの戦争で、紛争の対象になった地域を「自然公園のある二国家ゾーンにする」というアイデアは、創造的な再生の典型的な実例である。そのアイデアを聞いたエクアドルの元大統領は、「そんな提案はそれまで誰もしなかった！」と言ったそうである。[3]

このような和平案は、普通の観念から飛躍した創造的なものだと言えるが、その創造性について、ガルトゥングは、「創造性は、知性と感情の境界域に位置する。知識と感情が出会い、突然そこに超越が見出される——あたかも芸術において創造的な人々に起こるように。ここでは「芸術」という言葉が重要で、まさに当を得ている。良いアイデアは解放を切望する腹の底からの感情のようなものから始まり、それ自身が上昇しようとし、頭脳に達し言語化され、そして絶頂の解放感をうみだす「腹脳」に再び送り返されるのである。真実の愛のようにそれはめったに起こるものではない。しかし起こるときには圧倒的である」と言っている。[4]

ここで言われているように、このようなことは滅多に起こるものではない。したがって、卓抜の法則は、必要条件にとどまるのであって、これを絶対条件にするわけにはいかない。とは言っても、この卓抜の法則を念頭に置いて、何かもっといい方法はないかと頭をめぐらしながら、和平案を模索することは必要だと思われる。

ところで、戦争終結規範を駆使したり、卓抜なアイデアを模索したりすることは、結局何を目指しているかと言えば、それは、よい和平案ということになる。戦争に限らずあらゆる紛争について、古今東西、紛争解決のエッセンス、すなわち、紛争解決の核は、よい解決案に他ならない。戦争に関して言えば、よい和平案である。したがって、具体的で分かりやすい和平案をつくることがポイントである。

ところで、民事紛争においては、どんなに複雑な事件でも、解決は簡潔なものになる。このことは、実際に紛争解決をした経験がある人ならば、誰でも体験していることだと思う。また、結論が簡潔であればあるほど、成功率が高いと言える。生命を脅かしていた癌でも、取り出してしまえば掌に乗るほどのものであろう。これと同じように、血眼になって争っていた複雑な事件も、解決してしまえば、一枚の和解契約書になるはずである。

戦争から和平への道筋も、これと同じだと思われる。実ることはなかったが、二〇二二年三月一四日のオンラインによる交渉でウクライナ側から提案された和平合意案の要諦は、ロシア軍が侵攻をはじめたラインまで撤退し戦闘を停止する、ウクライナはＮＡＴＯに加盟せず他国の軍隊の駐留も認めない、という二項目だった。

このことを見据えて、すなわち頂上の一点を睨んで、ひたすら具体的で分かりやすい和平案を探し当てることが肝要であると思われる。

2　オリバー・ラムズボサム、トム・ウッドハウス、ヒュー・マイアル著、宮本貴世訳『現代世界の紛争解決学――予防・介入・平和構築の理論と実践』（明石書店）二六九頁〜二七〇頁

3　前出『紛争解決学入門』九四頁

4　同書一九五頁

第四章

パラダイムシフト

第一節　戦争の種子

□種子の除去とパラダイムシフト

前章では、戦争が起こってしまったあとで和平をする法則を模索したが、この章では、戦争のない平和な世界を実現するにはどうしたらよいかを考えることにしたい。

極言になってしまうが、民衆にとっては為政者が掲げる正義だとか主義だとかは、自分の命に比べればどうでもいいことである。戦争で死ぬよりましなのだ。資本主義でも社会主義でも生きてはゆける。もっともいずれの主義であっても生きるにふさわしいよい社会であることが望ましいが、とにかく戦争のない平和な世界である方が先なのだ。

第一次世界大戦が終結する前の一九一八年一月にはウィルソン大統領が一四カ条の平和原則の中で国際平和機構（国際連盟）の設立を提唱した。また、第二次世界大戦が終結する前の一九四五年二月のヤルタ会談では国際連合の創設が協議された。しかし、ウクライナ戦争では平和を構築する声はほとんど聞かれない。戦争の渦中にあるときに余裕はないのかもしれないが、こういうときこそ平和の構想が必要なのではないだろうか。

では、どうしたら平和な世界を実現することができるのか。

「平和学」という学問がある。その平和学の泰斗ガルトゥングは、二一世紀で最も重要な紛争として、世界資本主義、ジェンダー、キリスト教対イスラム教、国民国家の矛盾、米国／NATO／ANPO（日米安保）、アメリカ帝国をあげている。[1] この六つの紛争が、あらかた戦争の種子になっているのだと思われる。

そこでまず気づくのは、戦争を起こさせないようにするために、戦争の種子を取り除いてしまうことである。そんなことができるのだろうか。

世界資本主義も、ジェンダーも、キリスト教対イスラム教も、国民国家の矛盾も、米国／NATO／ANPO（日米安保）も、アメリカ帝国も、その一つひとつに膨大な問題を抱え込んでいるので、その中にある戦争の種子を取り除くことは容易にできるものではない。

しかし、思い切って資本主義というパラダイムを転換すれば、そのあらかたの難問を解決することができるのではないだろうか。

パラダイムという言葉は、科学史家・科学哲学者のトーマス・クーンが創始した概念である。[2] この言葉自体は古代ギリシャ語にまで遡るものであるが、クーンは、科学史・科学哲学の専門用語として新しい意味を導入したものということになる。クーンがこの言葉に与えた意味は、「一定の期間、研究者の共同体にモデルとなる問題や解法を提供する一般的に認められる科学的業績」というものに限定されていたが、それがその後の二〇年の間に、「ものの見方」や「世界観」という意味にまで拡大、拡張していった。[3] したがって、ここでは「ある時代のものの見方、考え方を根本的に規定する認識の枠組み」という意味でパラダイムという言葉を使用することにするが、パラダイムによって社会や経済の仕組みが規定されるから、「その時代の社会や経済の仕組み」という意味をも包摂することにする。このようにパラダイムの意味をとらえるとすれば、現在のほぼ世界全体を覆っているパラダイムは、「資本主義」ということになるだろう。すなわち、中世の荘園制度、封建制度に匹敵する制度を現代に求めるならば、それは資本主義であるということには、誰しも異存はないと思う。

ガルトゥングの言う紛争、すなわち戦争の種子は、ことごとく資本主義というパラダイムの中に埋め込まれていると考えてよいだろう。その種子を除去するために、これからパラダイムシフトについて考察をすすめることにしたいと思う。

なお、「シフト」とは「転換」という意味である。このパラダイムシフト、すなわちパラダイム転換を念頭に置きながら、これからの平和構築を考えることにしたい。

1 ヨハン・ガルトゥング著、木戸衛一、藤田明史、小林公司訳『ガルトゥングの平和理論―グローバル化と平和創造―』(法律文化社) i頁~ii頁
2 トーマス・クーン著、中山茂訳『科学革命の構造』(みすず書房) 一三頁
3 野家啓一『パラダイムとは何か クーンの科学史革命』(講談社) 一三頁~一五頁

□講和について

パラダイムシフトを考察する前に、もう少し歴史を振り返ってみよう。

戦争によって勝ち敗けに決着がついたあとで、ほとんどの場合は講和が行われる。講和の内容とその影響による歴史（すなわち時間）と社会（すなわち空間）の動向は、さまざまであり、それだけで大きなテーマである。それを丹念に追うとすれば、一冊や二冊の本の中に収まるものではないだろう。

そこで、ごく簡潔に第一章で述べた第一次世界大戦と第二次世界大戦を振り返ってみよう。

第一次世界大戦の終結後に行われた対ドイツの講和は、一九一九年六月二八日に調印されたヴェルサイユ講和条約にまとめられている。この条約には、高額な賠償要求、全海外植民地の没収、一方的軍備制限、隣接諸国への領土割譲などが定められた。一方で国際連盟が設立され、国際社会の構成単位が帝国から国民国家に移行して、民族自決、非植民地化という大きな流れをつくった。しかし、第一次世界大戦が前例のない暴力の発動であったために、戦後社会に暴力に寛容な政治文化を広げ、苛酷な賠償条件がハイパー・インフレーションを起こし、やがてナチズムの台頭を許すことになった。

このように、第一次世界大戦後の講和は、民族自決、非植民地化という大きな潮流をつくったものの、ドイツに対する懲罰という後ろ向きな色合いが強く出て、次の戦争の火種を残したと言うことができるだろう。

連合国と日本との間の第二次世界大戦を終了させる講和条約は、一九五一年九月八日に調印されたが、第二次世界大戦の終結については、終戦前の一九四五年四月から六月にかけて開かれたサンフランシスコ会議が重要な意味を持つ。ここで、国際連合憲章が採択され、終戦後の一〇月に国際連合が発足した。国連本部はニューヨークに置かれ、主要機関として安全保障理事会・経済社会理事会・国際司法裁判所などが設けられるとともに、専門機関としてユネスコ・国際労働機関・世界保健機関、補助機関としては世界貿易機関などが設立された。このサンフランシスコ会議で定められたのは、講和条約ではないが、戦後処理として未来指向の機構であって、歴史的に高い評価に値するものである。

しかし、資本主義陣営（アメリカを中心とする西側）と社会主義陣営（ソ連を中心とする東側）

との冷戦は、第一章で述べた通り、すでに第二次世界大戦中にはじまっており、その火種を残したままであったことが戦後の長い冷戦をもたらした。

これらの講和の流れを歴史の教訓とするならば、やはり軍縮と核廃絶を柱にしたパラダイム転換が必要だと思われる。したがって、パラダイム転換について、若干の考察をしておきたい。

第二節　戦争から平和へのパラダイムシフト

□軍縮と核廃絶

私は、資本主義からパラダイムシフトした世界を「共存主義」とネーミングして、そのたたき台としての設計図を書いたが、それは別の本に書いたので、ここでは詳論しない。[1]

しかし、この書物のテーマに関係する、軍縮と核廃絶、国家の壁、ポスト資本主義の展望については、あらためてこの節を設けて言及しておきたい。

カントはすでに「常備軍は、時とともに全廃されなければならない」という第三条項を掲げ、そこで「常備軍はいつでも武装して出撃する準備を整えることによって、ほかの諸国をたえず戦争の脅威にさらしているからである。常備軍が刺激となって、たがいに無制限な軍備の拡大を競うようになると、それに費やされる軍事費の増大で、ついに平和の方が短期の戦争よりもいっそう重荷となり、この重荷を逃れるために、常備軍そのものが先制攻撃の原因となるのである」と言っている。[2]

一八世紀のこの言辞が、三つの世紀を跨いで、いまだに生きていることに驚くのは私だけではないだろう。

しかし、軍縮の動きがなかったわけではない。第一次世界大戦終結後の一九二二年には海軍軍縮に関するワシントン会議が開かれ、その後、ジュネーブ海軍軍縮会議（一九二七年）、ロンドン海軍軍縮会議（一九三〇年）、ジュネーブ軍縮会議（一九三二年）、第二次ロンドン海軍軍縮会議（一九三五年）が開催された。

にもかかわらず、各国はカントが言うように「無制限な軍備の拡大を競うように」なり、第二次世界大戦に突入するのである。

第二次世界大戦後には、軍縮は核軍縮が主題になった。

核軍縮は、一九七〇年に発効した核不拡散条約（ＮＰＴ、締約国は一九一か国。以下「ＮＰＴ」という）を基盤に展開されてきた。しかし、二〇二一年には核兵器禁止条約（ＴＰＮＷ）が発効して、それ以降「核のない世界」に向けた核軍縮・廃棄をうながす多国間条約が二つ存在する時代に突入した。

一九六七年に合意されたNPTは、この時点ですでに核武装していた米国、ソ連（ロシア）、英国、フランス、中国のみをNPT上の「核保有国」とみなして、少なくとも一定期間は核兵器を持ち続けることを公認した。他方で、その他の諸国は「非核保有国」としてNPTに加わることを求める内容の条約となっており、明らかに不平等な構造になっている。[3] そして、米国、ソ連（ロシア）、英国、フランス、中国の核保有国が核兵器を持ち続けているだけでなく、NPT非批准国のインド、パキスタン、北朝鮮は核兵器を保有している。さらにイスラエルは核保有が確実視され、イラン、シリア、ミャンマーには核開発の疑惑がある。このように、全世界は核の脅威にさらされているのである。

しかし、市民のレベルでは、軍縮に向かう運動が展開されている。

一九九七年の対人地雷全面禁止条約（オタワ条約）、二〇一〇年のクラスター爆弾禁止条約（オスロ条約）は、市民主導で成立した条約であり、この二条約は日本も批准している。

また、核兵器の開発、実験、生産、保有、使用を全面的に禁じる核兵器禁止条約が五〇か国・地域の批准のもとに、二〇二一年一月二二日に発効した。[4] この条約には、米国、ロシア、英国、フランス、中国の核保有国は参加せず、核の傘のもとにある日本なども批准していないが、米国などが参加していないのは、オタワ条約もオスロ条約も同じである。しかし、多くの国々の参加による国際条約が成立した以上、核保有国も国際的な規範として尊重せざるを得ないだろう。対人地雷もクラスター爆弾も、条約の発効後は、不参加国も一定の制約を受けていると言えるからである。

核廃絶の壁になっているのは、核兵器が戦争を抑止するという核抑止論である。

しかし、核抑止論は、核を持つ国・指導者が「合理的判断」をすることを想定して立論されている。これは最終的には破滅回避、制御不能回避のために抑制的な判断をするとの想定であるが、ウクライナ戦争で、プーチン大統領から核使用をちらつかせるところを見せつけられると、合理的判断に期待することは危険だろう。なにしろ彼が何百万人の命を奪っても、彼が差し出す命はたった一つでよいのだから。

こうしてみると、核抑止論はすでに破綻していると考えた方がよいと思う。そのことが核使用という事実によって証明される前に、核廃絶に踏み切った方がよい。

私が最も言いたいのは、プーチン大統領が核兵器の使用をほのめかしていることの怖さである。核兵器を使用すると威嚇され、何かのきっかけで実際に使用されても、核兵器をもって反撃することはできない。うっかり反撃すれば、また核兵器が使用されかねず、それが世界大戦につながる危険性があるからである。世界中には約一万二七〇〇個の核兵器があるが、この核兵器が使用されればすべての人類を滅ぼしてもまだ余りがある。これが現実であり、その現実を世界中の人々の目に見せつけたのがプーチン大統領に他ならない。

したがって、この現実を反転させるためには、核廃絶を現実にしなければならない。それだけでなく、ただちに「軍縮」にとりかかり、核兵器のみならず、すべての兵器の廃絶を模索するべきではないだろうか。それが実現すれば、農耕牧畜以来の一万年の歴史を転換することができる。

では、軍備を棄てた国があるだろうか。

中米のコスタリカは、一九四八年の内戦終結の翌年に憲法が施行されて、常備軍が廃止された。そして、一九八三年には永世非武装中立を宣言し、今日に至っている。この間の歴史にはさまざまな動きがあるが、コスタリカはラテンアメリカからの多くの政治家や民主主義活動家の避難場所となり、チェ・ゲバラやフィデル・カストロも一時コスタリカに滞在していたそうである。

コスタリカと日本との違いを、『中米の奇跡コスタリカ』の著者寿里順平は、「戦争をして、そのくだらなさがわかったつもりだからもうやらないという嫌戦論が日本。戦争はしなかった、これからもまた、やらないだろうからという戦力不要論がコスタリカである」と言っている。[6]

すべての軍備を棄てることは、いかにも非現実的のように聞こえるかもしれないが、コスタリカの実例からすると、できないことではないと思われる。

1　廣田尚久『共存主義論』（信山社）、廣田尚久『ポスト資本主義としての共存主義』（信山社）
2　前出『永遠平和のために』一六頁〜一七頁
3　吉田文彦『迫りくる核リスク〈核抑止〉を解体する』（岩波書店）二九頁
4　二〇二一年一月二二日朝日新聞夕刊、同月二三日朝日新聞
5　前出『迫りくる核リスク』一八頁
6　寿里順平『中米の奇跡コスタリカ』（東洋書店）二九五頁

□国家の壁

戦争を仕掛け、それに対して防戦するのは「国家」であるが、いったい国家とは何なのであろうか。

国家とは、辞書によれば「一定の領域に定住する人々が作る政治的共同体。国家の形態・役割は歴史的に異なるが、一般的には主権・領土・国民で構成され、統治機関を持つ」（「大辞林」）とされている。

しかし、ここに出てくる「形態」「役割」「主権」「領土」「国民」という言葉のどの一つをとっても、その中身を論じだすとすれば際限のない議論が必要である。

例えば、国家を構成する国民であるが、国家は一つの民族で構成されるとは限らない。この地球上には約二〇〇〇の民族があるが、国家は約二〇〇しかない。そして、二〇〇〇の民族のうち、一つの民族だけで国民が構成される民族国家は二〇だけである。したがって一九八〇の民族は、他民族の国民と共存して一つの領土に住んでいるのである。[7]

前に述べたように、プーチン大統領はロシア人とウクライナ人とベラルーシ人は九世紀に興った古代ルーシの承継民族だと言っているが、ロシアという国家の中には、ウクライナ人を除くとしても、タタール、ユダヤ、ポーランド、ブルガリア、モルドバ、ドイツ、アルメニア、フィン、エスキモー、グルジア、アッシリア、朝鮮等々の夥しい数の民族が住んでいる。

戦争ともなれば、その他民族の人々も一つの国民として戦う。しかし、いったい人殺しに参加するほど国家にアイデンティティを求める根拠があるのだろうか。

それはすなわち、「国家」という枠組みで物事を進めるのが適切であるかどうかという問題である。しかし、今なお国家という枠組みが大半であることは事実である。欧州連合（EU）のような国家の連合体が世界全体の枠組みになることは、あるとしてもかなり先のことであろう。まして、世界連邦は夢の彼方である。こうしてみると、ひとまず「国家」という枠組みで考察を進めることが現実であろう。

そこで「役割」について考えてみよう。

国家の役割を列挙するだけでも数ページを要すると思われるが、ここでごく簡単にあげるとすれば、全国共通の法律の制定、教育、科学技術、産業育成、環境保全、社会福祉、公共事業、司法、治安、国防、外交、通貨の発行、租税の徴収などがあげられる。

では戦争はとなれば、内戦は別として、ロシアが侵攻した、ウクライナが反撃したという形で、国家単位で行われる。すなわち、国家は戦争を起こす主体であり、その意味で平和の壁になっている。しかし、国家がなければ、国家間の戦争もなくなることになる。

これに対してカントは、平和を実現するために国家の連合制度を構想していた。[8] また、後年国際連合の設立に奔走したH・G・ウェルズは、第一次世界大戦前夜に書いた小説の中で、原子爆弾を投下されることを予見し、世界国家成立を提唱した。[9]

さらに、国際連合が戦争抑止力の低いことを痛感した世界の科学者、文化人たちが、より強力な世界連邦の形成をすすめることによって世界から戦争をなくしていこうと決意し、一九四六年一〇月にジュネーブで「世界連邦政府のための世界運動」を立ち上げた。この世界連邦運動には、バートランド・ラッセル、アルベルト・アインシュタイン、アルベルト・シュバイツァー、ウィンストン・チャーチル、湯川秀樹などが賛同し、本部はジュネーブに置かれた。

しかし、この運動はまだ大きな潮流にはなっていない。耳に入るのは、ロシア、ウクライナ、アメリカ、中国、イスラエル、日本などなどの国家の名称ばかりである。しかも、それらの国家は軍縮どころか軍拡の道を進んでいる。

こうした情況を見ると、世界連邦はまだ夢の中ということになるかもしれない。しかし、目線を少し下げれば別の世界が見えてくる。

グローバリズムの功罪についてはさまざまな見解があるが、ヒト、モノ、カネの流れは、国家の壁をやすやすと通過して、国家を必要としていないのが現実であろう。

ヒトは、国家の壁を破って、たくさんの国が多民族国家になっている。単一民族国家と言われている日本でさえ、日本中至る所で他民族の人を見かける。

モノの流通もまた盛んである。スーパーマーケットに行けば、外国から輸入した商品で溢れている。

さらにカネは、市場において秒単位で取り引きされ、世界中の人々は、ドル相場の変動を刻々知ることができる。

これはほんの一例であるが、要するにヒト、モノ、カネはとっくに国家の壁を破っているのである。それなのに、国家の壁を強くしたり、高くしたりする意味があるのだろうか。

国家が戦争をするために平和が達成されないのであれば、いっそのこと国家はない方がよいと考える人もいるだろう。

そうは言っても、国家には一定の役割がある。そして、世界連邦を組織化することは困難だろう。したがって、国家を消滅させることは、今のところ現実性がない。

しかし、国家の存在が戦争の土壌になり、平和の壁になっていることを認識し、できるだけ、国家、国家と叫ぶのはやめようと意識することは大事だと思う。私は、それだけで平和が近づくのではないかと思っている。

7　前出『ガルトゥングの平和理論』六八頁
8　前出『永遠平和のために』三九頁
9　H・G・ウェルズ著、浜野輝訳『解放された世界』（岩波書店）

□ポスト資本主義の展望

ウクライナ戦争を契機にして、資本主義からのパラダイムシフトが起こり、次の時代に移行することがあるのだろうか。

ウクライナ戦争の前から、資本主義が変容する兆しがある、あるいは終焉の過程に入っている、さらに資本主義が終焉する、という資本主義終焉論は数多くあった。ここで、それらの資本主義終焉論をざっと見ておくことにしたい。

資本主義は過剰生産ないし過剰消費、あるいは利潤率の低下傾向により死を迎えるという構造的理論（マルクス）、需要と市場の飽和と危機が共存するという考え（ケインズ）、生活や社会の行き過ぎた商品化に対する抵抗の増大により資本主義は終わるという考え（ポランニー）、比喩的な意味でも字義どおりの意味でも植民化されるべき新世界や新たな労働者が消滅することが危機をもたらす（ルクセンブルグ）、技術停滞（コンドラチェフ）、自由市場を停止させる独占企業の金融政治組織（ヒルファーディング）、世界全体で「知識人の裏切り」が起こり起業家精神が官僚主義により抑圧されることで資本主義の危機が生じる

（ウェーバー、シュムペーター、ハイエク）等々。[10]

以上は、社会学者でケルン大学教授のヴォルフガング・シュトレークの整理によるものであるが、ここで、二〇〇八年のリーマン・ショック以降の資本主義終焉論も概観しておこう。

シュトレークは、一九七〇年以後、資本主義の中心部はインフレ危機、財政危機、民間債務危機という三つの連続した危機を経験し、これから資本主義は長期にわたって苦しみながら朽ちてゆく、ということが予想されると言う。[11]

千葉大学教授（現京都大学人と社会の未来研究院教授）広井良典は、二一世紀初頭からポスト資本主義の時代に入ったとしており、資本主義システムの定常化をもって資本主義の終焉としている。[12]

日本大学教授（現法政大学教授）水野和夫は、超低金利時代の招来によって利子を生む種であった貨幣が利子を生まない石になったので、資本主義は終わっていると言う。[13]

デューク大学教授で政治哲学者のマイケル・ハートは、エネルギーやコミュニケーションの民営化（私有化）に向かう新自由主義の傾向が危機を進行させると言う。[14]

英国のジャーナリスト兼ブロードキャスターのポール・メイソンは、一九七一年八月の金本位制を廃止したニクソン・ショックをとりあげ、不換紙幣は、自由市場経済と合わさると、景気の過熱と崩壊の循環を生み出す機械になり、世界経済は長期にわたる景気低迷に陥ることになるだろうと言う。[15]

経済思想を専門とする大阪市立大学准教授（現東京大学大学院准教授）の斎藤幸平は、資本主義のグローバル化が地球の隅々まで及んだために、利潤追求のプロセスが限界に達して利潤率が低下した結果、資本蓄積や経済成長が困難になり、「資本主義の終焉」が謳われるまでになっていると言う。[16]

そして私は、「価値の先取り」（価値が生まれる前に先にとってしまう経済現象）が亢進したために、私的所有、契約、法的主体性という資本主義の基礎が崩壊し、資本主義は終焉を迎えつつあると考えている。[17]

では、資本主義が終焉したあとは、どのようなことになるのだろうか。

すぐに思い浮かぶことは、「社会主義」であろう。社会主義社会の生産関係は、生産手段の社会的所有、勤労者の搾取からの解放、勤労者自身のための分配という特徴を持っている。

シュムペーターは、「資本主義的な秩序が自ら崩壊する傾向を持ち、かつ中央集権的な社会主義が、もっとも確からしい推定相続人であることを確信する」と言っている。[18]

ここで、サムエルソンの「混合経済」という概念に触れておく必要があるだろう。サムエルソンは、「アメリカの体制は混合経済であって、そこでは民間の機構と公共的機構の両方が経済面で統御にたずさわる」と言う。[19] たしかに現在は、資本主義と社会主義が混在する混合経済の体制であると言うことができるだろう。しかしこれは、資本主義終焉後の経済を描写するものではない。

では、資本主義でもなく、社会主義でもなく、混合経済でもないというのであれば、他に何があるのだろうか。ここで、ポスト資本主義論を概観しておこう。

シュトレークは、「資本主義に代わる体制を答えるような義務を前提としないまま、終焉を迎えつつある資本主義について考えることを提案したい」と言っており、[20] ポスト資本主義の体制については明示していない。

広井良典は、まちづくりや都市政策と福祉政策をつないでいく「都市政策と福祉政策の統合」を提唱している。[21]

マイケル・ハートが提唱するのは、共有のもの《コモンズ》である。ハートは、私的所有権という古典的な近代的概念構成の基礎は、ポスト・モダンな生産様式によってある程度まで解体されているのであると言い、続けて「共有のもの」＝コモンズの新しい概念はこの領野において現れるだろうと言う。[22]

ポール・メイソンは、ポスト資本主義の世界を「プロジェクト・ゼロ」と呼び、貨幣を基盤としない活動の普及、気候変動対策としてエネルギー産業を国有化すること、金融システムの国有化、ベーシック・インカムの導入などを提唱する。[23]

斎藤幸平が構想するのは、脱成長コミュニズムであり、生産者たちが生産手段を〈コモン〉として、共同で管理・運営する持続可能な社会を提唱している。[24]

さて、以上のようにポスト資本主義論を通観してみると、いずれも資本主義が抱えている矛盾を解決する貴重な方策が提唱されていることが分かる。しかし、基本的な立ち位置は、社会主義にあるか、社会主義に近いと言ってよいと思う。すなわち、社会主義から大きく踏み出していないのではないだろうか。

資本主義か社会主義かの二者択一、あるいは資本主義が終焉すれば社会主義というのが、あらかたの人々に刷り込まれている観念ではないかと思う。

しかし、資本主義でも社会主義でもない「第三の道」はないのだろうか。

二〇〇八年の世界的な金融崩壊を目の当たりにしたとき、ポンペウ・ファブラ大学（スペイン）のジョルディ・ガリ教授は、「『貨幣』の問題を中心に据えるケインズ経済学と現在の標準的マクロ経済学との二者択一ではない『第三の道』が見えてくる」と言っているが、[25]経済学の分野だけでなく、パラダイムとしても資本主義でも社会主義でもない「第三の道」はないのだろうか。

私は、資本主義が崩壊に瀕し、社会主義の試みがうまくゆかなかった今こそ、「第三の道」が求められているのではないかと考えている。その「第三の道」を「共存主義」とネーミングし、そのおおまかなデザイン（素描）を別の本（前出『共存主義論』等）で示したが、この「第三の道」を模索するに伴って、パラダイム転換をするのならば、次のようなことを織り込みたいと考えた。

まず、資本主義以前から続いており資本主義が引き継いだ強制労働、搾取、差別、貧困、格差、支配、収奪、侵略、殺戮、戦争などから訣別することである。

そして、負の外部性と言われている地球温暖化、オゾン層の破壊、酸性雨、海洋汚染、水質汚染、人口爆発、生物の絶滅、放射性物質の廃棄問題、土壌汚染などの環境問題を解決することである。

このようなことを念頭に置いて、資本主義の基礎である私的所有、契約、法的主体性を、新しく共存的所有、公正な合意、個人の主体性という基礎に築きなおして、そのうえに新たな経済システム、政治システム、法システムなどの社会システムを構築することを構想した。

さて、ウクライナ戦争によって資本主義は終焉を迎えることになるのだろうか。目に見えるような終焉とはいかないまでも、相当のダメージを受けることは確かだろう。すでに世界的なインフレが起こり、金融不安も伝えられるようになった。二〇二三年三月一〇日には米国のシリコンバレーバンクが、同月一二日には同じく米国のシグネチャーバンクが経営破綻し、それが飛び火して、スイスのクレディ・スイスが窮地に追い込まれた。

そして、各国の国家債務が膨張し、財政破綻が取り沙汰されるようになった。

このような情況からすると、もしかしたら資本主義の行き詰まりがきて、身動きのできない事態が発生するかもしれない。

そのようなことがあってもなくても、パラダイムシフトを念頭に置いて、適切な対応をすることが肝要であると思う。

ウクライナ戦争を和平に導くことは大切であるが、それと同時に資本主義の成り行きを見極めることも大切であると考える。

10 ヴォルフガング・シュトレーク著、村澤真保呂、信友建志訳『資本主義はどう終わるのか』（河出書房新社）一〇頁
11 同書一〇三頁〜一〇四頁
12 広井良典『ポスト資本主義　科学・人間・社会の未来』（岩波書店）六三頁
13 榊原英資、水野和夫『資本主義の終焉、その先の世界』（詩想社）六三頁
14 アントニオ・ネグリ、マイケル・ハート著、水嶋一憲、酒井隆史、浜邦彦、吉田俊実訳『〈帝国〉――グローバル化の世界秩序とマルチチュードの可能性』（以文社）三八七頁

15 ポール・メイソン著、佐々とも訳『ポストキャピタリズム　資本主義以後の世界』（東洋経済新報社）五三頁
16 斎藤幸平『人新世の「資本論」』（集英社）三一頁
17 前出『共存主義論』二一六頁〜二二三頁
18 シュムペーター著、中山伊知郎、東畑精一訳『資本主義・社会主義・民主主義』（東洋経済新報社）六六九頁
19 P・サムエルソン、W・ノードハウス著、都留重人訳『サムエルソン経済学上〔原書第13版〕』（岩波書店）三七頁
20 前出『資本主義はどう終わるのか』八〇頁
21 広井良典『人口減少社会のデザイン』（東洋経済新報社）一〇三頁
22 前出『〈帝国〉』三八八頁
23 前出『ポストキャピタリズム』四四七頁〜四六〇頁
24 前出『人新世の「資本論」』一四一頁〜一四四頁
25 二〇〇九年一月三一日朝日新聞・経済産業研究所上席研究員小林慶一郎「金融危機が与えた宿題」

おわりに

いったい誰に読まれることを想定してこの本を書いているのだろうか。書き進めながらずっとそう思っていた。ウクライナやロシアの高官に届くはずはないし、日本の為政者や外交官の目に触れることもまずないだろう。それなのに、なぜこんな本を書く必要があるのだろうか。

しかし、ウクライナ戦争に日々心を痛めて、何とかならないかと思っている人はたくさんいるだろう。そういう人々とともに、ウクライナ戦争に限らず普遍的な問題として、和平の法則とポスト資本主義の在り方を考えることには、それなりの意味があるのではないだろうか、そう思い直してとにかく書き進めることにした。

和平の法則とポスト資本主義の在り方に関連して気になることは、いずれはじまるであろう停戦協議の行方である。もし和平ができるとすれば、それはどのような内容の和平になるだろうか。その和平により将来に向かって創造的なシステムを構築できるか、それとも索漠とした妥協になってこれからの歴史を血で汚すのか。あるいは和平ができずに、核兵器の使用のリスクを抱えたまま長い戦争を続けるのだろうか。今その岐路に立っているが、どの道を歩むにしても、それはこれからの歴史の方向性を決めることになるだろう。

ここに書いたことは、あくまでもたたき台に過ぎない。法則と言っても、それは仮の法則であって、修正しなければならないところはたくさんあるだろう。それでも、戦争から和平へという社会現象に法則性を探求することは、社会科学を研究するものにとっては常道的な在り方だと思う。

それやこれやで、はなはだ心もとないことであるが、とにかくこの拙稿を世に送り出したいと思っている。

戦争のない平和な世界が到来することを祈りつつ。

二〇二三年四月

廣田尚久

廣田　尚久（ひろた　たかひさ）

1962年　東京大学法学部卒業、川崎製鉄（現JFE）入社。
1966年　川崎製鉄を退社し、司法研修所入所。
1968年　弁護士登録（第一東京弁護士会）。
1993年　九州大学法学部・大学院法学研究科非常勤講師。
2005年　法政大学法科大学院教授。
1998年以降、第一東京弁護士会仲裁センター、国土交通省中央建設工事紛争審査会の調停人・仲裁人として、国際商事仲裁協会（現日本商事仲裁協会）、東京都建設紛争調停委員会の調停人として、調停や仲裁を行い、2008年に廣田尚久紛争解決センターを設立。

【主要著書】
『紛争解決学』（信山社・1993年〈新版増補2006年〉）、小説『地雷』（毎日新聞社・1996年）、『上手にトラブルを解決するための和解道』（朝日新聞社・1998年）、ノンフィクション『おへそ曲がりの贈り物』（講談社・2007年）、『先取り経済の総決算 ── 1000兆円の国家債務をどうするのか』（信山社・2012年）、『和解という知恵』（講談社・2014年）、小説『2038　滅びにいたる門』（河出書房新社・2019年）、『ポスト・コロナ　資本主義から共存主義へという未来』（河出書房新社・2020年）、『共存主義論 ── ポスト資本主義の見取図』（信山社・2021年）、『ポスト資本主義としての共存主義』（信山社・2022年）

TTS新書

ウクライナ戦争と和平法則

2023年11月10日　初版第1刷発行

著　　者　廣田尚久
発行者　中田典昭
発行所　東京図書出版
発行発売　株式会社 リフレ出版
〒112-0001　東京都文京区白山 5-4-1-2F
電話 (03)6772-7906　FAX 0120-41-8080
印　　刷　株式会社 ブレイン

ISBN978-4-86641-709-7 C0231
Printed in Japan 2023